江西经济发展研究丛书

江西省高校哲学社会科学招标课题（ZDZB201204）资助

江西低碳经济发展路径研究

Research on the development path of low carbon economy in Jiangxi Province

江西低碳经济发展路径研究课题组　著

图书在版编目（CIP）数据

江西低碳经济发展路径研究/江西低碳经济发展路径研究课题组著.—北京：经济管理出版社，2014.11
ISBN 978-7-5096-3534-6

Ⅰ.①江⋯　Ⅱ.①赵⋯②张⋯③张⋯　Ⅲ.①节能—经济发展模式—研究—江西省　Ⅳ.①F127.56

中国版本图书馆 CIP 数据核字（2014）第 288803 号

策划编辑：杜　菲
责任编辑：杜　菲
责任印制：黄章平
责任校对：超　凡

出版发行：经济管理出版社
（北京市海淀区北蜂窝 8 号中雅大厦 A 座 11 层　100038）
网　　址：www.E-mp.com.cn
电　　话：（010）51915602
印　　刷：北京京华虎彩印刷有限公司
经　　销：新华书店
开　　本：720mm×1000mm/16
印　　张：13
字　　数：181 千字
版　　次：2014 年 11 月第 1 版　2014 年 11 月第 1 次印刷
书　　号：ISBN 978-7-5096-3534-6
定　　价：46.00 元

·版权所有　翻印必究·
凡购本社图书，如有印装错误，由本社读者服务部负责调换。
联系地址：北京阜外月坛北小街 2 号
电话：（010）68022974　邮编：100836

序

中共十八大把生态文明建设放在十分突出的地位,形成了经济建设、政治建设、文化建设、社会建设、生态文明建设五位一体的中国特色社会主义事业总布局。十八届三中全会审议通过的《中共中央关于全面深化改革若干重大问题的决定》首次提出"用制度保护生态环境",指出要紧紧围绕建设美丽中国,深化生态文明体制改革,加快建立生态文明制度,健全国土空间开发、资源节约利用、生态环境保护的体制机制,推动形成人与自然和谐发展的现代化建设新格局。近年来,国家出台了一系列节能减排的优惠政策,在政策扶持、税收减免等方面,积极鼓励和推进节能减排和低碳经济的发展。

江西实现低碳经济发展模式继而提高低碳经济竞争力,可谓机遇与挑战并存。一方面,产业结构的优化促进了经济的发展,经济实力的增强为低碳技术的研发推广提供了资金支持;另一方面,国家对节能减排工作的重视,优惠政策不断倾向于节能降耗,能源效率的提高短时期内能够抑制碳排放的高速增长。但江西能源消费对煤炭仍具有较强的依赖,且煤炭燃烧对碳排放量的增加具有较高的贡献值,碳排放量占比高的重化工业对经济拉动作用大,"十二五"时期江西工业化、城镇化的步伐将继续加快,对能源的需求量必定保持高速增长趋势,江西提升低碳经济竞争力之路任重道远。随着近年的发展,江西低碳产业发展取得了初步成效。在低碳农业方面,部分地区以低碳农业为目标，进行了较多项目的发展尝试，如有机农业、生态养殖、沼气利用、谷壳发电等；在低碳工业方面，江西已在光伏产业、半导体照明产业、新能源汽车及动力电池产业以及其他低碳产业取得初步成效；在低碳服务业方面，低碳旅游已在部分江西旅游景点进行尝试，婺源获得"全国低碳旅游试验区"称号，上犹获得"中国低碳旅游示范县"称号，井冈山将低碳概念与红色旅游资源相结合，全面贯彻到旅游的"吃、住、行、游、购、娱"各环节中；江西在软件信息服务业、文化创意产业方面也取得了一定的发展。

为了探索江西的低碳发展之路，以江西师范大学为主体的研究团队在2012年江西省高校哲学社会科学重点课题"江西推进低碳经济发展路径研究"项目的资助下完成了本书——《江西低碳经济发展路径研究》。全书包括八个章节：第一章低碳经济研究综述与讨论，对低碳经济的内涵、路径及政策研究的国内外文献进行了梳理，详细介绍了低碳经济、生态经济与循环经济之间的概念界定、联系与区别，并对低碳产业与传统产业的定义和关系进行了阐述。第二章国内外低碳经济的实践与发展，描述了发展低碳经济的背景与意义，分析了欧盟、英国、德国、美国和日本等国家和地区发展低碳经济的经验，并对我国发展低碳经济的目标及相关政策（产业、技术、财税和法律等方面）进行了汇总。第三章江西省低碳经济的发展现状与制约因素分析，分析了江西省低碳经济发展现状以及在低碳农林业、低碳工业、低碳建筑业、低碳服务业领域所取得的初步成就，在此基础上提炼了包括国际环境、制度环境、技术水平和体制机制等制约江西发展低碳经济的因素。第四章江西省低碳经济发展水平综合评价，从产业经济、能源资源、技术水平和环境质量四个子系统选取了19个指标对江西省低碳发展水平进行了综合评价。第五章江西省低碳经济发展总体思路，提出了江西省低碳经济的发展思想和原则，拟定了发展目标，并确定了江西发展低碳经济的重点任务和抓手。第六章江西省低碳经济发展路径，从工业、农业、现代服务业、区域布局、科技创新、试点示范等方面提出江西省低碳经济发展的路径。第七章加快江西省低碳经济发展的政策性建议，从政府层面、产业层面、企业层面、公众层面提出加快江西省低碳经济发展的政策性建议。第八章江西省低碳经济发展案例分析，主要深入分析了江西特色的低碳经济发展案例经验做法，包括低碳城市建设、低碳工业园、低碳农业和低碳旅游等。

本书的特色之处在于：一是基于实情，紧接地气。在全面了解江西省低碳经济发展状况、温室气体排放和能源消费情况、低碳产业发展状况的基础上，对江西省发展低碳经济的产业经济、能源资源、技术水平和环境质量系统进行了全面科学的综合评价，然后构建了推进江西省低碳经济发展的路径与对策。二是善于借鉴国内外典型案例的成功经验。不仅整理了欧盟、美国、日本等国家和地区发展低碳经济的做法，对国内发展低碳经济相关的产业政策、技术政策、财税政策和法律法规进行了梳理，还从低碳农业、低碳工业、低碳旅游、生态工业园区、低碳城市建设等方面整理和分析了具有江西特色的典型案例，以此为江西低碳经济发展提供经验启示。

当然，这本书仍存在诸多不足，留有许多问题待做进一步探讨。但鉴于当前及今后一段时期，既是江西省深入贯彻落实科学发展观、努力争当生态文明建设"排头兵"的重要时期，也是推进建设绿色经济强省战略实施的关键时期。作为资源能源依赖度较强的省份，江西省发展低碳经济是合理调整能源结构、经济结构和消费结构，坚持走新型工业化道路，实现可持续发展的必然选择。希望这本书起到抛砖引玉的作用，引起更多的人对低碳经济发展的兴趣，投身低碳发展事业，为实现建设低碳环保社会的大梦想做贡献。

是为序。

赵　波

2014 年 8 月于南昌

目 录

第一章 低碳经济研究综述与讨论 …………………………………… 1

一、国内外研究综述 ……………………………………………… 1

二、低碳经济、生态经济与循环经济概念的界定、
联系与区别 ……………………………………………………… 5

三、低碳产业与传统产业的关系 ………………………………… 17

第二章 国内外低碳经济的实践与发展 ………………………………… 21

一、发展低碳经济的背景与意义 ………………………………… 21

二、国外发展低碳经济的经验 …………………………………… 35

三、我国发展低碳经济的目标和政策 …………………………… 39

第三章 江西省低碳经济的发展现状与制约因素分析 ……………… 44

一、江西省发展低碳经济的必要性 ……………………………… 44

二、江西省经济发展的基本状况 ………………………………… 47

三、江西省气候变化与碳排放情况 ……………………………… 50

四、江西省低碳经济发展的有效探索 …………………………… 55

五、江西省低碳产业的发展成就 ………………………………… 58

六、江西省发展低碳经济的制约因素分析 …………………… 73

第四章 江西省低碳经济发展水平综合评价 …………… 78

一、江西省低碳经济指标体系构建 …………………………… 78
二、江西省低碳经济发展水平评价分析 ……………………… 84
三、江西省低碳经济发展水平综合评价 ……………………… 92

第五章 江西省低碳经济发展总体思路 …………………… 93

一、发展思路与原则 …………………………………………… 93
二、发展目标 …………………………………………………… 95
三、江西省发展低碳经济的重点任务和抓手 ………………… 98

第六章 江西省低碳经济发展路径 ………………………… 107

一、全力推进工业转型,铸造低碳发展强劲动力 …………… 107
二、全面推进"大农业"发展,扩大生态优势 ……………… 115
三、优先发展现代服务业,培育低碳经济新增长点 ………… 117
四、进一步优化区域布局,统筹推进低碳经济发展 ………… 121
五、加大科技创新,促进低碳技术研发和产业化 …………… 124
六、开展多层次示范,不断推进低碳试点建设 ……………… 126

第七章 加快江西省低碳经济发展的政策性建议 ………… 129

一、政府层面 …………………………………………………… 130
二、产业层面 …………………………………………………… 142
三、企业层面 …………………………………………………… 154
四、公众层面 …………………………………………………… 159

第八章 江西省低碳经济发展案例分析 …………………… 163

一、江西省低碳农业发展案例 ………………………………… 163

二、江西省低碳工业发展案例 …………………………… 167

三、江西省低碳旅游发展案例 …………………………… 174

四、江西省生态工业园发展案例 ………………………… 181

五、江西省低碳城市发展案例 …………………………… 187

参考文献 ……………………………………………………… 193

后　记 ………………………………………………………… 199

第一章 低碳经济研究综述与讨论

近年来,随着低碳经济的发展,国内外学者就低碳经济与低碳经济发展的政策相关理论问题展开了探索性的研究工作,取得了丰硕成果。尽管直接文献数量并不多,但相关文献仍对本书的研究提供了有益思路。所以,本书开篇就对国内外关于低碳经济研究的文献进行综述和评述。

一、国内外研究综述

(一)低碳经济内涵的研究综述

2003年2月24日,英国首相布莱尔在《我们未来的能源——创建低碳经济》白皮书中首次提出了"低碳经济"的概念,指出"低碳经济是通过更少的自然资源消耗和更少的环境污染,获得更多的经济产出;低碳经济是创造更高的生活标准和更好的生活质量的途径和机会,也为发展、应用和输出先进技术创造了机会,同时也能创造新的商机和更多的就业机会。"英国环境专家鲁宾斯德对低碳经济进行了更为具体的阐释，认为低碳经济是一种正在兴起的经济模式，其核心是在市场机制基础上，通过制度框架和政策措施的制定和创新，推动提高能效技术、节约能源技术、可再生能源技术和温室气体减排技术的开发和运用，促进整个社会经济朝向高效能、低能耗和低碳排放的模式转型。

国内学者也从不同的角度对低碳经济进行了定义。庄贵阳（2005）认为，低碳经济是指依靠技术创新和政策措施，实施一场新的能源革命，建立一种排放较少温室气体的经济发展模式，从而缓解气候变化。他指出，低碳经济的实质是能源效率和清洁能源结构问题，核心是能源技术创新和制度创新，目标是减缓气候变化和促进人类的可持续发展。谢军安等（2008）认为低碳经济的内涵应包括三方面的内容：①是相对于基于无约束的碳密集能源生产方式和能源消费方式的高碳经济而言的；②是相对于新能源和基于化石能源的经济发展模式而言的；③是相对于人为碳通量而言的，是一种为解决人为碳通量增加引发的地球生态圈碳失衡而实施的人类自救行为。低碳经济本质上是一种全球性的碳中性经济，它要求经济活动的低碳化。袁男优（2010）认为，低碳经济是一种以低能耗、低污染、低排放为特点的发展模式，是以应对气候变化、保障能源安全、促进经济社会可持续发展有机结合为目的来规制世界发展格局的新规则，其实质是提高能源利用效率和创建清洁能源结构，发展低碳技术、产品和服务，确保经济稳定增长的同时削减温室气体的排放量，它具有经济性、技术性和目标性三大特征，同时具有低碳技术、低碳能源、低碳产业、低碳城市、低碳管理5个构成要素。

薛进军等（2011）从广义的角度对低碳经济进行定义，认为低碳经济不仅限于低碳产业、新能源和技术，而应当包括8个方面内容：低碳生产、低碳能源、低碳技术、低碳交通、低碳消费方式与生活方式、低碳建筑、低碳农村、低碳城市，并指出各地可以因地制宜地发展有地方特色的低碳经济。周宏春（2012）从三个层次理解低碳经济：①低碳经济作为一种理念或口号，追求在同等碳排放条件下经济产出更大，或者在同等经济产出条件下人为活动排放的二氧化碳更少；②低碳经济作为一种新的发展模式，就是要摒弃早期工业化过程中化石能源消费高、温室气体排放强度大的增长模式，形成以低能耗、低碳排放为基础的经济增长模式；③从产业角度而言，低碳经济不仅是一项具有相对于传统产业的战略性新兴产业，更主要的是一个发展转型过程。

（二）低碳经济的路径与政策研究

国外学者提出了实现低碳社会的措施与关键要素。2007 年，乔根·兰德斯指出，挪威要通过以下四个措施来实现到 2050 年温室气体减排 2/3 的国家目标：①各个行业提高能效，如建筑、交通节能等；②用可再生能源替代化学能源；③投资碳捕捉和储存；④减少砍伐森林。为提高公众的低碳意识，可以实行两个一般性的措施：①大力推行低碳环保的宣传；②促进低碳技术广为世界所用。2006 年，斯特尔把有关气候变化的科学辩论转移到气候变化的经济规律层面上来，预测到 2050 年，世界经济规模将会扩张 3~4 倍，但温室气体的排放量会比目前的排放水平降低 1/4。他还提炼出应对气候变化的政策所需的三个关键要素：①确立碳的定价机制；②需要技术政策；③建立一个全球的体制，一个全世界的碳市场，将涵盖更多行业和市场一起加强清洁发展机制（Clean Development Mechanism，CDM），促进这些机制在发展中国家的发展。

也有学者以美国为例，分析了低碳政策的设计与评价了政策的效果。Metcalf 和 Weisbach（2009）以美国为例，分析了发达国家的二氧化碳排放税制度。作者考虑了三种因素，即最优税基、税率和贸易。分析结果表示，一个设计良好的碳税在上游企业征收，可以覆盖全美国80%的碳排放量。分析还指出应当在征收碳税的同时，进行所得税调整，以确保碳排放税是收入和分配中性的。此外，作者还提出设置碳边境税，对不含碳产品征收进口碳关税。通过比较美国的补贴政策和碳税政策，认为补贴政策会降低能源成本，使得消费需求和降低排放两者之间产生矛盾。与碳税政策相比，补贴政策难以达到既定的减排目标。

有学者总结了中国实现低碳发展的路径。庄贵阳（2005）认为，未来中国要在不影响社会经济发展目标的前提下实现低碳发展的可能途径包括：①调整能源结构，发展低碳和无碳能源，促进能源供应的多样化；②提高能源效率，节能优先，降低我国能源强度；③调整产业结构，在实现充分工业化之后确定服务业在国民经济中的主导地位；④遏制奢侈消费，减少浪费，在预算约束的基础上建立理性消费观念；⑤发挥碳汇潜力，通过增加森林覆盖率将大气中的温室气体储存于生物碳库中；⑥加强国际经济技术合作，寻求制度化手段，推动发达国家向发展中国家转让先进能源技术。邹骥结合中国的具体国情，认为中国目前正处于一个十字路口，需要从以下四个方面着手才能实现传统性的发展路径向创新性的发展路径的转变：①需要研发技术、引进技术；需要体制的改革，正确的政策、人力资源和资金。②要把市场已经存在的低碳技术加以推广。③加强战略层面、政策层面和技术层面的合作。④要形成互利双赢的国际合作，联合进行开发、设计等。

也有学者从政策创新和制度保障的视角探讨了发展低碳经济的政策措施。李胜、陈晓春（2009）认为发展低碳经济需要从政策链的角度进行系统的创新：①创新国家能源安全政策；②创新国家产业、金融和财政等相关经济政策；③创新公民参与的社会政策；④创新国家科技和人才政策促进高新技术的开发和科技成果的转化；⑤创新消费政策，倡导绿色精量消费；⑥创新文化政策，倡导生态文化。宋德勇和卢忠宝（2009）从西方国家发展历程和我国的现实出发，认为要实现我国低碳经济政策工具的创新，需重点做到以下四个方面：①必须明确我国低碳化政策体系必须跟上市场化改革进程，吸取世界各国发展低碳经济的经验，实现"人治"到"法治"的转变，以最小的交易成本实现最大的经济、社会和生态效益；②在具体政策工具选择上，要从以行政手段、控制—命令为主的政策工具向主要依靠市场的政策工具转变，在借鉴西方发达国家经验的过程中要注重"本土化"；③完善现有以目标责任制为主要形式的低碳经济统计、监测、评价和考核体系；④发挥媒体和公众的作用，健全市场经济道德体系。诸大建等（2012）认为制度与政策措施的制定及实施是低碳发展的重要保障，并指出低碳政策的三维目标是低碳环境、低碳经济和低碳社会。他们还结合现代治理理论，将低碳发展政策体系分为三种政策工具：规制性政策、市场性政策以及参与性政策。其中规制性政策主要包括制定相关法律法规、建立高耗能产业淘汰制度和市场准入制度以及建立节能低碳政绩考核机制；市场性政策分为市场性政策和创建市场政策；参与性政策是指教育引导公民参与低碳建设，建立信息公开化制度，充分发挥民众和舆论的监督作用。

二、低碳经济、生态经济与循环经济概念的界定、联系与区别

（一）三者概念的界定

1. 低碳经济

（1）概念产生的背景。"低碳经济"是英国政府在2003年发布能源白皮书《我们未来的能源——创建低碳经济》中提出的，背景是全

球气候变暖对人类生存和发展的严峻挑战。随着全球人口和经济规模的不断扩增，传统能源的使用所带来的环境问题及其诱因不断为人们所认识，烟雾、光化学烟雾和酸雨等的危害，大气中二氧化碳浓度升高带来的全球气候变化，已被确认为人类破坏自然环境、不健康的生产生活方式和常规能源的利用所带来的严重后果。在此背景下，"低碳经济"、"低碳社会"的新概念、新政策应运而生。而能源与经济以至价值观实行大变革的结果，将为逐步迈向生态文明走出一条新路，即摒弃20世纪的传统增长模式，直接应用21世纪的创新技术与创新机制，通过低碳经济模式与低碳生活方式，实现可持续发展。

（2）低碳经济的界定。全球气候暖化和能源安全问题日益严峻，使得各国政府开始思考新的经济发展模式。自从2003年英国政府在《我们未来的能源——创建低碳经济》白皮书中首次提出"低碳经济"这一概念之后，低碳经济思想便受到多数国家的赞同和支持，但对于"低碳经济"这一极具开放性的概念，却从未有过统一的认识。从上文关于低碳经济内涵的国内外研究综述中可以得知，国内外学者根据自己的知识结构和实践经验，都提出了各自对"低碳经济"这一概念的看法。当然，尽管研究的角度不同，对低碳经济的表述方式也存在差异，但其内涵本质却大致相同，即低碳经济是一种以低能耗、低污染、低排放和高效能、高效率、高效益这"三低三高"为主要特征，以最少的温室气体排放获得整个社会最大产出的"绿色经济"。其核心是能源技术创新和制度创新，目标是减缓气候变化和促进人类的可持续发展。也就是说，低碳经济本质上是一种新的绿色经济。

2. 生态经济

（1）概念产生的背景。为了生存和发展，人类积极发挥自己的主观能动性，努力促进生产力的发展。人类的发展史，其实就是生产力发展的历史，也是人类不断开发和利用自然资源，通过技术变革和创新促进经济增长的过程。自第一次工业革命伊始，人类社会得到了迅速发展，经济发展水平也得到显著提高，与之相伴的是全球人口数量的激增、自然资源的大量消耗、自然环境的不断恶化，地球承载的压力达到前所未有的程度。20 世纪 30 年代到 20 世纪中叶，引起世人瞩目的"八大公害事件"在工业化国家中相继出现，人们开始注意到工业革命在促进人类发展的同时，也不可避免地带来了环境污染的世界性问题。到了 20 世纪 60 年代，环境污染问题在多数发达国家中出现进一步恶化，由此引起一些有识之士对传统经济发展模式的质疑和批判，并试图寻找新的发展模式。70 年代以后，随着人类社会的飞速发展和人们对自然资源需求的增加，自然资源在人类利益的驱动下遭到过度开采，由此导致的能源危机加剧了世界的动荡。自然环境的破坏和生态环境的退化，对人类经济发展产生的阻力也越来越明显。人与自然的矛盾越来越突出，似乎已经达到了一种不可协调的地步。全球性的环境问题日益突出，主要表现为：植被退化、生物多样性减少、土地荒漠化现象加剧、水土流失、地下水位下降、温室效应明显、全球气温升高、极端气候现象频发、自然灾害增多、人口增加过快等。

在经济与环境、人类与自然的矛盾日益突出的背景下，越来越多的经济学家、生物学家和其他一些相关的专家学者，开始致力于寻找新的经济发展模式，以求解决经济与生态看似不可协调的矛盾。1962年，著名学者莱切尔·卡逊（Rachel Carson）在《寂静的春天》中通过描绘美国因滥用杀虫剂而给环境带来的危害，深刻揭示了工业化对自然生态的负面影响，首次将以往各自成体系的生态学和经济学结合起来研究。60 年代末，美国经济学家肯尼斯·鲍尔丁（Boulding, 1970）在其发表的论文《一门科学——生态经济学》中首次提出了"生态经济协调理论"，这标志着生态经济学科的诞生，鲍尔丁也由此成为生态经济学科的最早倡导者。21 世纪初，时任全球政策研究所所长的美国著名思想家莱斯特·布朗出版的"Eco - economy: Building an Economy for the Earth"中指出，"其宗旨是提供环境上可持续发展的经济——生态经济的构想,提供从目前经济模式转向生态经济的途径,并且不断地对我们是否朝着这个方向发展进行评估。这标志着世界范围内以生态经济为主旋律的全球经济运动已经开始。"此后,有关生态经济学的研究日益成为一个引人注目的研究领域,并与可持续发展理念一起成为21世纪的新口号。由此可见,"生态经济学的产生是生产力发展到一定阶段的产物,是社会发展实践中生态与经济矛盾运动推动的结果"(迟维韵,1990;王松霈,2000)。

(2)国内代表性观点。学术界的思维发散性和开放性,使得很多学术用语都没有一个统一的概念界定,生态经济也不例外。自从鲍尔丁首次提出"生态经济协调理论"以来,很多专家学者对"生态经济"提出了自己的定义和解释。在此,笔者列出几种比较有代表性的看法。

王松霈(2000)提出,生态与经济协调理论是生态经济学的核心理论,并为社会经济的可持续发展提供理论基础。作者提出了生态经济学的三个基本理论范畴:生态经济系统、生态经济平衡和生态经济效益。其中,生态经济系统是载体,生态经济平衡是动力,生态经济效益是目的。

徐中民等(2000)通过分析经济发展与生态环境之间关系的几种观点,认为生态经济学是一门从最广泛的领域阐述经济系统和生态系统之间关系的学科,重点在于探讨人类社会的经济行为与其所引起的资源和环境嬗变之间的关系,是一门由生态学和经济学相互渗透、有机结合形成的具有边缘性质的学科,它所关心的问题是当前世界面临的一系列最紧迫问题,如可持续性、酸雨、全球变暖、物种灭绝和财富的分配等。

周立华(2004)在吸收和借鉴国内外专家的思想后,提出了自己对生态经济的看法,认为生态经济是一种可持续发展的经济形态,是经济的生态化,其内涵应该包括三个方面:①作为一种新型的经济形态，首先应该保证经济增长的可持续性；②经济增长应该在生态系统的承载力范围内，即保证生态环境的可持续性；③生态系统和经济系统之间通过物质、能量、信息的流动与转化而构成一个生态经济复合系统。生态经济学则是从生态经济系统的角度，来研究和解决当前生态经济问题的一门新兴交叉学科。

唐建荣（2005）认为，生态经济是指在生态系统承载能力范围内，运用生态经济学原理和系统工程方法改变生产和消费方式，挖掘一切可以利用的资源潜力，发展一些经济发达、生态高效的产业，建设体制合理、社会和谐的文化以及生态健康、景观适宜的环境，实现经济腾飞与环境保护、物质文明与精神文明、自然生态与人类生态的高度统一和可持续发展的经济。

沈满洪（2008）从生态非资源化、经济逆生态化和生态与经济的对抗三方面分析了生态经济问题，认为"生态经济学是一门研究和解决生态经济问题、探究生态经济系统运行规律的经济科学，旨在实现经济生态化、生态经济化和生态系统与经济系统之间的协调发展"。并对前人的观点进行了总结，提出生态经济学的基本范畴有生态经济系统、生态经济产业、生态经济消费、生态经济效益和生态经济制度等。

霍艳丽等（2011）通过探讨生态经济建设在绿色发展路径选择中的作用和地位，指出生态经济与绿色发展具有内在的一致性，并说明生态经济的本质是把经济发展建立在生态可承受的基础上，在保证自然再生产的前提下扩大经济的再生产，形成产业结构优化、经济布局合理，资源更新和环境承载能力不断提高，经济实力不断增强，集约、高效、持续、健康的社会—经济—自然生态系统。

在所有有关的概念定义中，最权威的是著名生态经济学家 Costanza 给出的定义：生态经济学是从最广泛的意义上阐述生态系统和经济系统之间的关系，这些关系也正是当前我们所面临的许多最紧迫的问题（包括可持续发展、酸雨、全球变暖、物种灭绝、财富分布），但目前的任何学科都没有很好地包含这些内容。生态经济学的目的就是要拓展这些交叉领域,将现代经典环境经济学和受生态学影响的学科都纳入其子学科之列,同时它也鼓励用新方法来考虑生态系统和经济系统之间的联系。

为了更好地理解生态经济这一概念,我们有必要在此说明生态经济与经济生态两者之间的区别。

经济生态属于生态学的研究范畴,其理论基础是生态学,是从生态学的角度看待经济问题,研究导致生态变化的社会经济因素。经济效益在此是用生态方法来计量的。也即经济生态学是一门以生态学思想为核心的、研究经济的生态效益的学科。

生态经济属于经济学的研究范畴,其理论基础是经济学,追求的是实现稀缺资源的效用最大化。它通过引入生态学中的物质循环、能量守恒等基本理念,对由经济系统和生态系统交叉而成的复合系统进行创新型研究(袁丽静,2008)。

3. 循环经济

(1)概念产生的背景。工业革命之后,社会生产力得到极大的发展。技术的创新和进步提高了人类开发自然资源的能力。人类为了提高自己的生活质量和生活水平,开始挖掘一切可为人类所用的自然资源。人类由此从崇拜自然的"图腾崇拜"阶段进入了征服自然的"文明时代"。由于人类需求的膨胀和自然资源的有限性,自然资源的大量开采导致了自然资源的枯竭,并由此引起了一系列的环境问题。到了20世纪60年代,西方发达国家开始进入后工业化时代,与此同时,世界性的环境保护思潮和运动也开始兴起,这表明经济的快速发展带来的环境问题受到人们的广泛关注,人们开始对单向流动的传统经济发展模式提出了质疑与批判。人类至此进入了一个新的历史时期——人与自然协调发展阶段。由于世界性环境污染问题的进一步加剧,世界各国政府都认识到了转变经济发展模式的必要性,由此提出了"可

第一章 低碳经济研究综述与讨论

持续发展"的新理念。其实早在 1962 年，美国学者莱切尔·卡逊 (Rachel Carson) 就指出："人类一方面在创造高度文明，另一方面又在毁灭已有的文明，生态环境恶化如不及时遏制，人类将生活在幸福的坟墓之中。"1966 年，美国经济学家鲍尔丁受到宇宙飞船发射到太空的启发，提出了"宇宙飞船理论"，指出我们人类赖以生存的地球就如太空中的宇宙飞船一样孤立无援，人类要靠消耗其内部有限资源得以生存和发展，一旦人类不合理开发资源，肆意破坏自然环境，使得其内部资源消耗殆尽和内部环境不再适合人类生存，人类就会走向毁灭。因此，为了实现可持续发展和避免"宇宙飞船"的毁灭，人类必须反复利用有限的自然资源，确保生态环境适宜人类的生存和发展，实现"牛仔经济"到"宇宙飞船理论"的转变。这是循环经济思想的早期萌芽，也是以后的循环经济思想进一步发展的基础。

（2）国内代表性观点。曲格平（2000）认为循环经济就是把清洁生产和废弃物的综合利用融为一体的经济，它要求运用生态学的规律来指导人类的经济活动，按照自然生态系统物质循环和能量流动规律重构经济系统，使经济系统和谐地纳入到自然生态系统的物质循环过程中，建立一种新形态的经济。

吴季松（2003）则认为循环经济就是在人、自然资源和科学技术的大系统内，在资源投入、企业生产、产品消费及废弃的全过程中，不断提高资源利用效率，把传统的、依靠资源净消耗线性增加发展，转变为依靠生态型资源循环来发展经济。

韩宝平等（2003）认为循环经济包含两个层次的含义：①循环经济是对物质闭环流动型经济的简称，是以物质、能量梯次和闭环循环使用为特征的，在环境方面表现为污染低排放甚至污染零排放。②循环经济把清洁生产、资源综合利用、生态设计和可持续消费融为一体，是一种"促进人与自然的协调与和谐"的经济发展模式，它运用生态学规律把经济活动组织成一个"资源—产品—再生资源"的反馈式流程，实现"低开采、高利用、低排放"，最大限度地利用进入系统的物质和能量，提高资源利用率；最大限度地减少污染物排放，提升经济运行质量和效益，并保护生态环境。因此，循环经济本质上是一种生态经济。

冯之浚（2005）通过反思人与自然的关系和比较人类经济发展的三种模式：传统经济模式、"生产过程末端治理"模式和循环经济模式，提出了自己对循环经济的独到见解。所谓循环经济，就是按照自然生态循环物质循环方式运行的经济模式，它要求用生态学规律来指导人类社会的经济活动。循环经济以资源节约和循环利用为特征，也可称为资源循环型经济。在现实操作中，循环经济需要遵循减量化原则、再利用原则和可资源化原则。

王明远（2005）通过结合其他学者的代表性看法和自己的认识，对循环经济的概念总结为：循环经济是相对于传统的"资源—产品—废弃物"单向流动的线性经济而言的，是建立在生态学规律之上的一种以"减量化、再利用、资源化"为原则，以资源（特别是物质资源）的节约和循环利用为核心，以低消耗、低排放、高效率为基本特征，以避免、减少、再利用、资源化、热回收、无害化处置作为处理废弃物的先后次序，构造上高度接近"资源—产品—再生资源"反馈式闭路循环，符合可持续发展理念的经济增长模式，是解决我国资源环境与经济发展之间矛盾的重要途径之一。

虽然国内外学者对循环经济内涵的研究结果各不相同，但大多数学者都认为，"3R"原则是循环经济的基本原则。

减量化原则（Reduce）：属于输入端方法，要求尽可能用较少的原料和能源投入，尤其是绿色资源的投入来达到既定的生产目的或消费目的，在经济活动的源头就注意节约资源和减少污染，旨在减少生产和消费过程中的物质消耗量。在生产过程中，减量化原则通常表现为对生产产品的各项要求上，即产品体积小型化、产品质量轻型化、产品包装简易化以及产品功能多样化等，以此来达到在生产过程中减少废弃物的排放。

再使用原则（Reuse）：属于过程性方法，要求产品和包装容器能够以初始形式被多次反复使用，反对使用一次性用品。其目的是为了延长产品和服务的时间长度，提高产品和服务的利用效率。

再生化原则（Recycle）：属于输出端方法，要求产品在经过消费完成使用功能后，经过适当的加工处理，使其成为再生资源，重新进入生产领域。此原则坚决反对使用完毕就丢弃的一次性消费模式，真正做到了从"生产—消费—废物"的单向线性系统向"生产—消费—生产"的循环系统的转变。

以上三项原则构成了循环经济的基本思路，但是需要说明的是，三者的重要性并不一致。"3R"原则之所以把Reduce放在首位，是为了说明减量化原则才是循环经济的第一法则，这也是依据我国人口数量众多、人均资源拥有量很低、能源利用效率很低的现实状况做出的合理权衡。

（二）三者的联系

1. 本质属性相同

低碳经济、生态经济和循环经济都是产生于20世纪后半期的新经济思潮。三次工业革命的发生，在给人类社会带来经济快速发展的同时，也使人类陷入了资源危机、环境危机和生存危机当中。人类正是在各种危机中进行自我反省，试图改变传统的经济发展模式，从而导致了三种新经济思想的先后产生。由此可以看出，三种经济思想都是人类对自己和自然关系重新认识和总结的结果。此外，三者均从新的机制和结构出发，针对愈显落后的传统经济发展模式，提出新的发展理念，希望通过新的符合时代发展要求的发展模式实现人类的可持续发展（杨运星，2011）。更重要的是，三者都旨在解决经济发展和资源环境约束之间的矛盾，由此建立环境友好型和资源节约型社会，主张保证生态的平衡和实现人与自然的和谐相处，同时都倡导新的价值观念和新的消费观念，反对"人定胜天"的不科学价值观和过度奢侈的不合理消费观。总而言之，低碳经济、生态经济和循环经济三者在本质属性上是完全一致的。

2. 理论支撑相同

低碳经济、生态经济和循环经济作为新的研究领域，是传统经济学理论和现代生态学观念相结合的产物，三者都以生态经济伦理和系统理论为理论支撑，以生态学原理为基础，以经济学理论为主导，以包括人类在内的生态大系统为研究对象，核心是为了实现生态与经济系统的协调发展，缓解人类社会与自然环境日益剧烈的矛盾（苏振锋，2010；杨运星，2011）。还需说明的是，三者都是数量和质量两方面的统一，即"经济"是数量方面的选择，代表了人类对生活水平的追求，是优先发展的主体，而"低碳"、"生态"、"循环"则是在质量方面的修正，代表了人类对生活质量的向往，集中表现为对发展方式的约束。正是经济学和生态学二者的有机结合，构成了三者共同的理论支撑，使得三者在理论发展上具有很多交叉领域。

3. 追求目标相同

低碳经济、生态经济和循环经济作为人类对传统经济发展模式质疑和批判的产物，都追求环境友好和人与自然和谐的可持续发展，体现了生态文明的发展理念。可持续发展是建立在社会、经济、人口、资源、环境相互协调和共同发展基础上的一种发展，其宗旨是既能相对满足当代人的需求，又不能对后代人的发展构成危害，体现了发展的公平性、持续性和共同性原则，既要达到发展经济的目的，又要保护好人类赖以生存的生态环境。低碳经济、生态经济和循环经济要求人们摆脱"局外人"的姿态，而要人们把自身融入在生态大系统中，成为其中的一分子，从新的角度来考虑经济发展的多重效应，在充分考虑生态系统的承载能力的前提下，实现自然资源的节约和能源利用效率的提高，同时减少污染物的排放，运用现代绿色科技实现废物的最小化、资源化和无害化，最终实现传统经济发展模式的转变，缓解经济社会发展的资源环境压力，借以实现人类社会的可持续发展这一终极目标（苏振锋，2010；杨运星，2011）。

(三) 三者的区别

1. 研究重点不同

低碳经济主要针对的是碳排放量，通过建立低碳经济结构，在减少碳能源消耗的同时提高能源利用效率和采用清洁能源，借此达到降低温室气体排放量的目的，这既实现了经济的高水平发展，又达到了降低碳排放量、缓解全球气候变暖的最终目标；生态经济借鉴了生态学的相关理论，注重经济学和生态学的有机结合，以太阳能或氢能等绿色能源为基础，通过宏观经济发展模式的转变来实现经济的可持续发展；循环经济则倡导遵循"3R"原则，实现物质资源在经济生产和消费中的物质循环，达到生产、流通、消费全过程的物质循环利用，清洁生产和能源的充分利用，以此实现节约资源和保护环境的目的。

2. 核心内容不同

低碳经济是一种相对于传统经济的"三低三高"（低能耗、低污染、低排放和高效能、高效率、高效益）经济，其核心是能源技术创新、制度创新和人类生存发展观念的根本性转变，推动提高能效技术、节约能源技术、可再生能源技术和温室气体减排技术在全社会的广泛运用，旨在追求碳减排；生态经济以生态学原理为基础，以经济学理论为主导，其核心是实现经济和自然系统的协调发展，代表了人类真正意义上的可持续发展理念；循环经济的核心是物质资源的循环高效利用，通过资源最大限度的多次使用，提高资源的利用效率和环境效率，实现污染物的零排放，是实现人类可持续发展的最实用的经济模式（苏振锋，2010；杨运星，2011）。

3. 涵盖领域不同

低碳经济所倡导的"低碳理念"，涵盖经济、社会、自然各领域，贯穿生产、流通、消费等各环节，是三者当中针对性和综合性最显著的一个；生态经济的萌芽和产生，实质上就是生态学和经济学有机结合的过程，它所注重的一直都是生态与经济交叉重合的领域，包括生态经济系统、生态经济关系、生态经济结构、生态经济平衡、生态经济效益、生态经济目标等；循环经济通过资源的输入端和废弃物的输出端来研究人类经济活动与自然环境的相互作用，是一种"资源—产品—再生资源"的反馈式物质闭环流动的过程，注重的是经济活动中生产领域的物质循环使用，以此达到节约资源和减少污染的双重目的。

综上，虽然低碳经济、生态经济、循环经济三者的内涵不一，但彼此间却有着紧密的内在联系。三者有着相同的本质属性、理论支撑和目标追求，但在研究重点、核心内容和涵盖领域却有着各自的不同之处。三者都是人类在面对日益严重的生态环境问题时对可持续发展道路探索的成果，都是以人为本思想的体现，具有相同的人文关怀和道德理念，都希望通过新的绿色科技实现经济活动和自然环境的和谐发展。需要说明的是，三者都涉及生态环境和经济活动的研究，都有各自特定的研究领域，彼此之间并不存在谁涵盖谁、谁指导谁的关系，在此对比说明只是为了让读者对三者有一个更好的、全面的理解。我国作为世界上最大的发展中国家，面对新的变革，应该结合自身的情况，尽快实现经济增长方式从资源依赖型、粗放经营型向资源节约型、集约经营型的转变，加速经济发展方式的转型，对低碳经济、生态经济和循环经济不能厚此薄彼、区别对待，而应该"一视同仁"、同等对待，将三者有效地结合起来，从经济社会和自然生态各领域体现"低碳"、"生态"、"循环"的各项要求，走出一条具有中国特色的可持续发展道路。

三、低碳产业与传统产业的关系

（一）低碳产业和传统产业的界定

低碳产业是低碳经济发展的重要载体，其发展规模的大小、发展水平的高低，决定了低碳经济的发展水平和层次高低。同时，低碳经济的不断发展和扩张，又进一步促进低碳产业的形成或再形成。从技术与创新的角度来讲，低碳产业是相对于"传统高碳产业"的相对性划分，是"传统高碳产业"低碳化转型的成果，而不是完全绝对、从未有过的新产业；从市场需求的角度来讲，低碳产业受到了低碳产品、服务、技术等发展需要的拉动，是属于一种需求拉动型的产业；从国际分工和产业转移的角度来讲，低碳产业是由于西方发达国家出于经济和政治目的，促使先进的低碳技术随着产业转移在全球范围内得到流动和应用，并被低碳技术流入地区消化吸收而形成的新兴产业。总而言之，低碳产业是适应低碳技术的创新、能源消耗方式和经济发展方式的转变、消费者对良好的生态环境的需要和国际分工的深层次发展而产生的，是运用低碳技术生产节能产品和新能源产品的经济形态和产业系统，以节能减排、新能源和可再生能源的研发、二氧化碳捕获与埋藏三大技术领域为主创基地，主要包括高碳产业低碳化、碳减排、生产低碳技术及碳交易等行业，涉及能源、交通、建筑、石油、化工等多个行业领域，以风电企业、光伏太阳能企业、核电企业和节能环保企业为主要市场活动载体，是具有朝气和发展前景的新兴行业。

传统产业主要是指在第一次工业革命和第二次工业革命发生之后出现的产业，主要是指劳动密集型、以制造加工为主的行业，其生产主要依赖煤炭、石油和天然气等高碳能源,因而也被称为"高碳产业"。传统产业追求的目标是生产效率的提高、产出和经济利润的增加,很少考虑经济发展和自然环境之间的关系,是一种高开采、高排放、高污染的经济发展模式,它在促进人类经济社会快速增长的同时也加剧了人类社会与生态环境的矛盾,由此导致了一系列的全球性环境问题,不利于人类社会的可持续发展,是亟待改善和转变的落后产业。

(二) 低碳产业与传统产业的关系

低碳产业和传统产业的关系主要表现在两者的区别之处。传统产业产生于低碳产业之前,是低碳产业产生和发展的先天基础;低碳产业孕育于传统产业的发展之中,是对传统产业的继承和改善。

在资源利用方面,传统产业突出表现为高开采、低利用的特点,是对自然资源的一种无节制、不负责任的巧取豪夺,在生产和消费过程中对物质资源的利用效率也很低,是一种以资源换发展的经济模式。低碳产业则以低开采、高利用为主要特点,主张尽可能以较少的自然资源生产同量的产出或以同样的资源投入生产出更多的产出,提倡对资源的高效利用和合理利用,是对传统经济发展模式的一种选择性的摒弃。

从废弃物的排放及其对环境的影响方面来看,传统产业的生产方式在促进经济迅速发展的同时也导致了高排放和高污染,人类从自然环境中获取资源,又不加任何处理地向自然环境中排放废弃物,由此对生态环境造成了严重污染,更为严重的是,它在生产和消费过程中排放的大量温室气体导致了全球气候暖化,对人类社会的可持续发展构成了威胁,制约了经济社会的发展,也就是说,传统产业的生产方式是一种"黑猫"模式,即经济的迅速发展给环境带来了严重负外部性,负外部性反过来又对经济发展造成很大的外部压力和制约条件

（胡鞍钢，2008）。低碳产业则主张低排放、低污染，以保护环境为目的，通过能源技术创新和制度创新，开发和利用低碳技术和改善生产方式，提高能源的利用效率，减少温室气体的排放，缓解全球气候暖化的进程，实现产业环境污染与经济增长之间的"脱钩"，达到人类真正意义上的可持续发展，也即低碳产业的生产方式是一种"绿猫"模式：发展模式对环境的负外部性较小或者没有（胡鞍钢，2008）。

除此之外，两者在追求目标上也有很大区别。传统产业的生产目标是实现稀缺资源的最佳配置和经济利润的最大化，一切以经济利益为核心，很少考虑到经济发展对生态环境造成的负面影响。低碳产业在追求经济发展的同时，更加关注经济利益与环境利益的关系，在以经济发展为第一目标的同时，兼顾保护和改善自然环境，促进经济社会和自然环境的和谐发展，在保护自然生态环境的前提下实现经济的长远发展，旨在探索实现人类社会可持续发展的新方式。

在经济增长方式和环境治理方式方面，传统产业属于一种重量不重质的粗放型产业生产模式，导致了经济生产中的锁定效应（由于技术、制度和社会的惰性导致市场和政策对更好的技术和行为的推广形成阻碍的一种现象），对污染物的处理也只是一种被动的末端治理模式，在环境治理方面不仅"不合时宜"，而且在花费了巨大的成本之后收效甚微。低碳产业则是一种集约型的新型生产方式，在对污染物的处理过程中，突破以往末端治理的环保模式，注重在生产环节中从投入到输出的全过程控制，是一种生产和治理同时并举的生产模式，实现了真正意义上的清洁生产和污染物的低排放。

由此可知，与传统产业相比，低碳产业具有自己独特的特征：①低碳产业的产生和发展符合低碳经济发展的要求，是低碳经济得以发展的重要载体和有效手段；②低碳产业倡导节能减排，以绿色生产方式为主导，是一种有异于传统高碳产业的新型绿色产业；③低碳产业发展的关键是实现低碳技术的突破，同时也要求能源技术创新、制度创新和人类生存发展观念的根本性转变，是一种涉及面广泛的经济发展模式；④低碳产业的发展符合国家和人民的长远利益，在不影响当前经济社会发展的前提下，着眼于未来，具有成为未来支柱性产业的可能，涉及未来国家的竞争力，对一国的经济稳定和政治安全具有重要作用，因而具有国家战略性地位。

第二章 国内外低碳经济的实践与发展

一、发展低碳经济的背景与意义

(一) 发展低碳经济的背景

1. 国际背景

(1) 全球气候异常变化引起世人关注。时至今日,全球气候异常变化已是不争的事实,而其中尤以全球气候变暖带来的各种极端气候现象为主。全球气候暖化对人类的生存和发展造成了严峻的挑战,是发展低碳经济的外部环境背景。1988年,联合国政府间气候变化专门委员会 (Intergovernmental Panel on Climate Change, IPCC) 成立,其工作职责主要是负责收集、整理和汇总世界各国在气候变化领域的研究工作和成果,并依此提出科学评价和政策建议。自1990年IPCC发表第一次科学评估报告以来,迄今总共发表了四次评估报告,有力证明了由于人类活动所产生的温室气体在大气中的累积对人类可持续发展的负面影响,呼吁人们及早采取措施,以免将来付出更大的代价。工业革命以来，人类的社会生产力得到极大提高，使得西方发达国家很快便进入了现代社会，但这种发展是以能源的巨大消耗为代价的，在生产过程中排放的二氧化碳等温室气体导致了全球气候暖化。

全球气候暖化，会扰乱大气中的能量分布和温度场分布，将使得极端气候事件频发，如高温、热浪、强降水、阴霾天气的频发，其中百年一遇的洪水的发生频率可能会缩短为50年甚至更短。除此之外，全球气候暖化将会导致生态系统退化，对人类社会造成重大影响。全球气候的持续暖化，将导致水资源时空分布失衡的矛盾日益突出，旱者愈旱、涝者愈涝的局面愈加突出，严重影响人类的可用水量。另外，生态系统退化的难以恢复性将导致生物多样性的减少。据 IPCC 报告，目前所评估到的20%物种可能会因为全球气候的持续暖化而灭绝。更为严重的是，全球气候暖化将导致冰川融化和海平面上升，直接威胁到沿海低洼地区居民的生存和发展，增加人类社会经济发展的不稳定性，不利于人类社会的可持续发展。位于瑞士苏黎世的冰川监测机构跟踪监测了全球9大山脉的30个冰层，监测结果表明这些冰层一直在消融；澳大利亚环境学家警告称，由于海平面上升，世界第二小国图瓦卢、邻国基里巴斯以及印度洋上的马尔代夫三个岛国正面临着"灭顶"之灾（刑继俊，2009）。根据英国发布的《气候变化的经济学：斯特恩报告》可知，气候变化造成的经济代价堪比一场世界大战的经济损失。这严重影响了人类社会的可持续发展，增加了世界经济发展的不稳定性。

全球气候暖化和全球气候的异常变化，一直受到各国政府和人民的密切关注。为应对全球气候危机，保护人类生存发展的生态环境，世界组织和各国政府相继采取了一系列措施。自1988年IPCC成立并于次年发表第一次科学评估报告以来，各种以全球气候环境为主题的世界性会议应运而生。1992年6月，联合国环境与发展会议在巴西里约热内卢召开，与会的153个国家和欧共体共同签署了《联合国气候变化框架公约》，由此确定了"共同但有区别责任"和可持续发展的原则，提倡通过彻底改变工业革命以来的"高生产、高消费、高污染"的传统经济模式，以减轻全球气候暖化对人类社会和经济发展的负面影响，实现人与自然的和谐共处，并要求发达国家率先减排并向发展中国家减排提供帮助，体现了历史发展过程中的公平性和现实性。1995年，IPCC发表了第二次科学评估报告，证实了第一次评估报告中的结论，并对人类活动和全球气候变化之间的关系进行了更深入的探讨，明确指出人类活动对全球气候变化具有显著的影响。1996年7月，《联合国气候变化框架公约》第二次缔约方大会在瑞士日内瓦召开，会上通过的《日内瓦宣言》，肯定了IPCC第二次评估报告的结论，呼吁各缔约方采取实际行动来实现碳减排。1997年12月，在日本京都召开了第三次缔约方大会，会上通过了人类历史上首次以法规形式限制温室气体排放的国际性文件——《京都议定书》，在控制温室气体排放的进程中实现了新的跨越。经过各国政府的多次磋商和协定，《京都议定书》在2005年2月正式生效，从此真正具有国际性的法律约束力。2001年，IPCC第三次评估报告在承认全球气候变化不可避免的前提下，探讨了全球气候变化和人类社会可持续发展之间的联系。

2003年2月，英国政府在《我们未来的能源——创建低碳经济》白皮书中首次提出了"低碳经济"的概念，由此成为世界上第一个提出"低碳经济"的国家。2007年11月，IPCC第四次评估报告在西班牙瓦伦西亚会议上得以通过。该报告显示，最近100年来，全球平均地表温度上升了0.74℃。随着人类社会进一步发展，加之各国政府由于科技、经济、政治等因素综合影响而无法兑现碳减排承诺，全球暖化问题越发严重。2007年1月，在达沃斯世界经济论坛上，全球暖化问题超过恐怖主义、阿以冲突、伊拉克问题等，成为影响世界发展的首要问题。2007年12月，《联合国气候变化框架公约》第十三次缔约方大会在印度尼西亚的巴厘岛召开，会上通过了"巴厘岛路线图"，重点讨论了"后京都时代"发达国家的温室气体减排目标。2009年12月7~18日，举世瞩目的《联合国气候变化框架公约》第十五次缔约方大会暨《京都议定书》第五次缔约方会议在丹麦首都哥本哈根的Bella中心隆重举行，来自192个国家的谈判代表参加了此次会议，商讨《京都议定书》第一期承诺到期后的后续方案，即2012~2020年的全球减排计划，并达成《哥本哈根协议》，重申了"共同但有区别责任"的原则，对发达国家实行强制减排和发展中国家采取自主减缓行动安排了相应的政策措施，并就全球长期目标、资金、技术支持和透明度等焦点问题达成了广泛的共识。此次会议被视为全人类联合遏制全球变暖行动的一次重要努力，被喻为"拯救人类的最后一次机会"的会议，这是继《京都议定书》后又一具有划时代意义的全球气候协议书。

（2）国际金融危机孕育着新的低碳技术革命。2008年，因美国房价下跌引发的次贷危机给全球金融体系造成了巨大的动荡。此次危机，动摇了美国在全球金融体系中的核心地位，给全球金融市场带来了深远影响，改变了世界的经济、政治格局。美元贬值、美国资深投资公司破产、华尔街动荡不安，危机的进一步蔓延，在短时期内便给欧洲地区乃至全球其他地区带来了不同程度的破坏，严重影响了世界人民的生活稳定。此次国际金融危机的爆发，是继1939年世界经济"大萧条"之后最严重的一次经济衰退，给世界各国所带来的破坏和影响程度远远超过了人们最初的预料和想象。这场次贷危机爆发根源于实体经济的过度虚拟化，从而导致了各种金融衍生品的流动性泛滥，直接后果是对实体经济造成严重冲击，使得各国经济增长速度减缓，国内经济萎缩。虽然距危机爆发已时隔五年之久，但世界经济危机的根源仍然存在，后次贷危机仍对世界各国的经济产生着各种潜移默化的影响。

与此同时，我们也应该清楚地认识到，重大的危机之中往往孕育着新的科技革命。纵观历史的发展进程可知，每一次重大的经济危机的发生都伴随着或催生了一场新的科学技术革命。正是凭借新科技革命的带动作用，世界经济才得以从低谷中复苏和繁荣。人类历史的发展经验表明：谁能在科技创新方面占据优势，谁就能掌握发展的主动权，率先从经济衰退走向经济繁荣。1857年的世界经济危机，是第一次波及全球的生产过剩危机，这次危机引发了电气革命，推动人类社会从蒸汽时代进入电气时代；1929年的世界经济危机，是20世纪最为严重的全球经济危机，这场危机引发了电子革命，推动人类社会从电气时代进入电子时代（卢晓彤，2011）。为了应对此次危机，世界各国纷纷寻找新的经济增长点，抓住契机致力于发展低碳经济，争取在低碳技术的创新中抢占新的制高点，促进国内低碳产业和新能源产业的发展，在新一轮国际竞争中占得优势，使本国实体经济在后次贷危机时代中早日得到复苏和繁荣。英国政府自2003年首次提出"低碳经济"的概念以来，一直致力于颁布各项法令，借以兑现既定的温室气体减排承诺，展示了老牌资本主义国家"敢为人先"的姿态。以德国为代表的欧盟则提出实施气候保护高技术战略，大力发展可再生能源，提高能源的利用效率，并通过制订和实施二氧化碳排放权交易计划，完成自己在《京都议定书》的减排任务。历来重视节能减排的日本，更是不遗余力地大力开发低碳技术，加大对低碳技术研发的投入，保持自己在世界低碳经济发展中的领先地位。美国通过研发和使用低碳技术，利用氢能源、生物提炼、碳储存、核聚变等技术控制温室气体的排放量，达到改善气候和保护能源安全的双重目的。俄罗斯则从纳米技术和核能技术寻求突破，争取在世界绿色技术领域占得一席之位。

　　与以往的经济危机类似，此次国际金融危机的爆发孕育着新的低碳技术革命，这将会促进人类社会经济生产方式的转变，带来一场前所未有的绿色经济革命，刺激各国经济的复苏和创造大量的就业机会，促使低碳经济成为未来全球经济发展的新增长点。

（3）低碳经济竞争将成为新一轮全球竞争的重要内容。全球气候暖化和国际金融危机的爆发，导致国际经济格局的巨变。为了在新的全球经济环境中获得发展优势，世界各国将发展低碳经济作为有力武器，这使得基于低碳经济发展的新一轮国际竞争不可避免。由于发达国家发展低碳经济的真正动机并不在于应对气候变化、保护生态环境，而是一种转变经济发展方式，转嫁经济危机的策略……通过低碳技术创新占领技术高地，力求争夺国际低碳技术控制权（李军军，2011）。为了达到上述目的，维护本国经济安全，西方发达国家在进行国际碳减排义务博弈的同时又积极促进本国低碳产业的发展，相互争夺国际低碳技术的控制权，以此来提高本国的国际竞争力。英国在《能源白皮书》中除了首次提出"低碳经济"的概念之外，还明确指出通过大力发展低碳经济为发展、应用和输出先进技术创造机会，同时创造新的商机和更多的就业机会，实现促进本国经济发展和解决劳动力就业的国家经济目标。与此同时，英国还在世界各地宣传低碳经济思想和加深人们对低碳理念的认识，力图在世界各国向低碳经济转型方面起到主导作用，这表明了英国希望通过创新低碳技术和发展低碳经济重获世界经济霸权的目的。

低碳经济的提出，受到许多国家的赞同和支持。其他欧美发达国家也通过各项努力顺势跟进。除此之外，西方发达国家还利用本国业已成熟的市场经济制度，努力构建和控制全球碳交易市场，在低碳经济的国际分工中占据有利地位。随着世界经济的蓬勃发展，越来越多的新兴市场国家开始加入到世界市场中来。新兴市场国家对世界市场的争夺使得西方发达国家不得不改变传统的贸易保护政策，实行新的贸易保护主义。以美国"边境调节税"为代表的"碳关税"在其他西方发达国家中以不同形式表现出来。"碳关税"的提出在没有违背世贸组织基本原则的前提下，无疑会对世界贸易市场带来深刻的影响。以往的依靠丰富资源和低廉成本生产的产品在世界市场将丧失竞争优势，而以技术密集型产品和服务贸易为主要贸易产品的西方发达国家又会在新一轮的国际竞争中重获优势。低碳贸易规则的产生，对未来的国际贸易新秩序将产生深远影响。低碳经济竞争作为国际竞争的重要内容，将引领国际竞争格局的发展方向。

2. 国内背景

（1）中国面临着巨大的温室气体减排压力。随着中国经济的迅速发展，社会生产和个人消费对能源的需求量逐年增多。由于我国以煤为主的能源消费结构，经济社会的不断发展不可避免地导致二氧化碳等温室气体排放量的增加。同其他国家相比，我国单位 GDP 的碳排放强度很高，是以高能耗、高排放、高污染为代价获取的经济增长。目前，我国温室气体排放总量已居世界第一位（郭静，2013），并呈逐年增加的趋势，严重制约着我国经济的可持续发展。温室气体排放的增加和累积，直接导致了我国气候的暖化。据 IPCC 报告，我国气候变暖的总体趋势与全球一致。中国近百年平均气温升高了 1.1℃，略高于同期全球平均水平。最近 50 年中国北方地区增温最明显，升温最高已达 4℃，2007 年是中国自 1951 年有系统气象预测以来最暖的一年，年平均气温比常年偏高 1.3℃，连续第 11 年高于常年值（姚宇，2010）。1986~2006 年，我国连续出现了 21 个全国性暖冬。全国性的气候暖化带来了一系列恶果，以高温热浪、干旱和强降雨为主的极端气候事件的发生频率越来越快，且造成的危害愈加严重。气候暖化导致我国内陆冰川融化、内陆湖泊水面上升，显著增加了洪灾暴发的可能性。有资料研究表明，过去半个世纪以来，我国西北冰川面积减少了 21%，而且呈现出继续缩减的态势，预计到 2050 年将减少 27.2%。内陆冰川的融化和内陆湖泊水面的上升，无疑会对我国脆弱的内陆自然生态环境产生致命的影响。气候变暖还致使我国沿海海平面上升。

研究表明,20世纪50年代以来,我国沿海海平面每年上升1.4~3.2毫米,而且据专家预测,未来我国海平面还会继续上升,到2030年,中国沿海海平面上升幅度为1~16厘米,到2050年,上升幅度为6~26厘米,预计到21世纪末,将达到30~70厘米(周宏春,2012)。海平面的持续上升,对沿海地区的社会经济发展和人民的生命财产安全带来了直接的冲击。气候的持续变化,还会扰乱我国的温度分布体系,严重威胁我国的生态系统和经济安全。中国作为一个负责任的大国,无论是出于自身发展的需要,还是迫于国际要求减排的呼吁,必须积极推进减缓全国性气候暖化的进程,致力于发展低碳经济,做好温室气体的减排工作。

(2)中国面临着日益严重的能源危机。能源安全是维护一国经济安全和社会安全的重要因素,直接影响国家的经济发展和社会稳定。我国地大物博,能源总量丰富,但作为世界上第一人口大国,我国人均能源占有量却很少,远远低于世界其他国家。据统计,中国人均能源资源探明量仅为135吨标准煤,为世界人均量的51%,其中,煤、石油和天然气分别为世界人均的70%、11%和4%;即使水能资源,按人均量也低于世界人均量(姚宇,2010)。同时,我国经济发展水平还处于工业化初期,经济增长方式粗放、能源结构不合理、管理水平相对落后等因素使得我国单位GDP的能耗明显高于世界平均水平。而且随着经济社会的日益发展,我国社会生产和个人消费对能源的需求量只增不减,能源消耗和经济发展之间的正相关关系越加显著。为了达到经济发展的预期目标,我国必须依靠能源进口来满足我国经济发展的需要。早在20世纪末,我国便已成为能源净进口国,近年来我国全年石油对外依存度更是高达50%。我国能源对外依存度的逐年增加,不仅严重威胁着我国的能源安全,而且使我国的经济发展受制于石油出口国,不利于我国经济社会的长期稳定和安全。我国现阶段的能源结构是以煤为主,多煤少油气的状况在未来相当长的一段时间内不会发生根本性的转变。与我国能源结构相适应,我国的经济增长方式一直是以"高能耗、高排放、高污染"为特征的高碳经济模式。随着我国工业化道路的推进,以煤炭为主的高碳燃料在能源消费总量中的比重一时难以下降,二氧化碳等温室气体的排放还会不断增加。由此可知,正是由于当前的能源消费结构,严重制约了我国经济增长方式向低碳模式的转型,成为我国低碳经济发展的"瓶颈"。

发展低碳经济,一方面,可以减少我国生产过程中的能源消耗,为研发和使用新能源,如风能、水能、生物质能、核能等提供契机,降低我国能源消耗的对外依赖程度,是我国应对世界化石能源危机的有效方式;另一方面,可以优化我国能源结构,降低工业化生产对高碳能源的消耗,降低煤炭在能源消费结构中的比重,减少温室气体的排放,在努力降低碳排放的同时实现经济的发展,从而走出一条具有中国特色的清洁发展、低碳环保的经济发展之路。

(3) 自然资源利用过度,生态环境破坏严重。随着我国经济的迅速崛起,自然资源被开发利用的强度越来越大,并呈现出难以跟上我国经济发展步伐的疲软态势。2006年按当时汇率计算,我国GDP总量约占世界GDP总量的5.5%,但是,能源消耗达到了24.6亿吨,大约占世界能源消耗的15%,水泥消耗12.4亿吨,占54%,与2005年相比分别增长了9.61%和18.1%(付允等,2008)。目前,我国政府虽已认识到GDP生产的能耗过大问题,并已经开始转变经济增长方式发展绿色GDP,但是在未来几十年内仍然无法彻底改变以消耗促增长的现状。我国"富煤、贫油、少气"的资源结构决定了我国现阶段的能源消费结构需以煤为主,而面对国内石油、天然气的供给不足。随着我国经济的迅猛发展,我国石油对外依存度已经超过了国际警戒线,严重影响我国的能源安全。更为严重的是,我国的能源消费往往会带来巨大的环境成本,造成环境的恶化。简言之,自然资源的过度利用直接导致了生态环境的破坏。以煤为主的能源消费结构,导致了温室气体的大量排放和累积，成为我国气候变化的主要因素之一，使得我国极端气候现象愈演愈烈，大大增加了我国生态系统的脆弱性，继而对生物种类的多样性造成严重威胁。随着自然资源的过度开发和利用，特别是对煤炭和稀土的过度开采，我国森林植被的覆盖面积日益减少，水土流失现象愈加严重，自然灾害频发，对人类的生命和财产安全造成了严重威胁。生态环境的破坏不仅对我国居民的生存环境带来了直接的威胁，而且还会严重阻碍我国自然资源合理开发的进程，导致自然资源的污染和浪费。总而言之，自然资源的过度利用以及由此导致的生态环境的严重破坏，促使我国必须及时发展低碳经济加以应对，达到节能减排和改善环境的目的。

(二) 发展低碳经济的意义

1. 理论意义

低碳经济作为一种新型的经济发展形态，具有不同于传统经济发展模式的特点，低碳经济将外部环境内部化，在发展经济的同时考虑生产过程给外部环境造成的影响，但其又有别于循环经济和生态经济，是资源经济学、环境经济学和可持续发展经济学的理论交叉。自英国首次提出"低碳经济"的概念以来，关于低碳经济的理论研究就一直是经济学理论界的一大热点。随着低碳经济的日益发展，世界各国的学者们对于低碳经济的内涵、范畴研究得越发透彻，明确了低碳经济理论的发展方向；对有关发展低碳经济的政策工具和制度体系的研究也日益成熟，为低碳经济的进一步发展提供了坚实的理论基础。在世界各国争相发展低碳经济的国际背景下，发达国家和发展中国家之间的矛盾与冲突日益尖锐。发达国家凭借技术创新和制度创新，在低碳经济的发展水平上一直领先于发展中国家，享受着低碳经济带来的各种利益，却由弱势国家承担由此产生的负面后果。面对全球气候暖化和不利的国际形势，我国应该化挑战为动力，对低碳经济理论进行积极创新,在国外已有的理论基础上结合中国国情,创造出具有中国特色的低碳经济理论政策,着眼于短期、中期和长期,结合财政政策、金融市场政策、产业政策,在时间和内容上发展和丰富我国的低碳经济理论。

2. 现实意义

(1) 保障我国能源安全,缓解我国在气候问题上的国际政治压力。随着全球经济总量的快速增长,人类生产和生活对能源需求的过快增长已经远远超过了能源探明储量的增长,世界能源市场已经出现供不应求的紧张局面。能源作为一个国家经济发展的基础,自从全球气候暖化问题出现之后,能源问题一直成为世界各国争论的焦点问题。能源安全问题更是因此成为继经济安全、军事安全、金融安全之后的又一重要安全问题,继而导致能源外交的产生。中国正处于工业化进程中快速发展的阶段,面对着经济总量的快速增长和能源消耗量的日益增多,能源安全问题早已成为我国经济规划中重点关注的问题。我国政府积极开展能源外交,希望借助政治手段保障我国经济发展和社会运行所需的能源供给,维护我国经济安全和政治稳定。然而,国际政治局势瞬息万变,仅仅通过外交手段难以保障我国能源供应的长期稳定。因此,面对日益严峻的能源供给局势,我国必须顺应历史潮流,积极发展低碳经济。低碳经济的发展,有利于促进能源使用朝着"多元化、高效化、清洁化"方向发展。能源使用的多元化,有利于我国摆脱以往单一依靠煤和石油等高碳燃料的不利局面,有利于增加我国自给能源的多样性,降低我国能源需求的对外依存度,提升我国经济发展的自主性,扩大我国经济发展的自由度。能源使用的高效化,是指通过技术的创新和应用,提高我国工业化生产过程中的能源使用效率,用与以往同等的能源消耗量获得更高的热量输出,减少能源的浪费和污染的排放。能源使用的清洁化,是指加大清洁能源的投入使用,降低煤炭和石油在能源消费结构中的比例,着重发展风能、水能、生物质能、潮汐能、核能等一些可再生和无污染的能源，在生产过程的能源投入阶段就做好清洁化工作。通过发展低碳经济，提高我国的低碳经济竞争力，有利于优化我国的能源结构，降低单一的能源结构带来的潜在危机，降低我国对传统化石能源的依赖，增强我国应对世界化石能源危机的能力，保障我国能源安全，为我国经济的可持续发展提供一个良好的能源基础，有利于促进我国从低效的高能耗发展方式向高效的低碳发展方式转型。

以全球暖化为主的世界气候变化问题既是环境问题，又是技术问题和经济问题，同时也涉及国际政治关系。面对全球气候暖化问题的加剧，一方面，世界各国在国际减排机制中相互博弈，争取更多的碳减排权和发展空间；另一方面，各国努力发展本国的低碳经济，提高本国的低碳经济竞争力。中国既是世界上人口第一大国，同时也是世界上碳消耗量最多的国家。我国二氧化碳的排放总量已经位居世界第一位，并呈逐年增长的趋势，预计到2020年，将与美国处于同一水平。中国作为世界上最大的发展中国家，在国际碳减排活动中一直坚持"共同但有区别责任"的原则，并积极参加国际上各种气候变化大会，为改善全球气候环境作出了应尽的努力，体现了我国负责任的大国姿态。随着后京都时代的到来，虽然我国政府做出了一系列的减排承诺，但以美国和欧盟为首的西方发达国家却一直在运用经济手段和政治手段加大我国的碳减排压力，企图让我国承担和西方发达国家同等的碳减排义务，加大了我国应对气候变化问题的国际政治压力。低碳经济的发展，不仅可以达到优化能源结构、增加清洁能源供给的目的，最重要的是还可以直接减少温室气体的排放。低碳经济模式所涉及的一系列法律、经济和行政措施，将有利于促进人们消费观念的转变和生产方式的革新，一切以"低碳"为中心，倡导低碳消费、低碳生产、低碳出行和低碳旅游等，将有利于减少生产和消费中的碳排放量，提高公众的气候变化意识，鼓励全民行动应对气候变化问题。只有通过发展低碳经济,减少我国经济发展中的碳排放,缓解我国在应对气候变化问题上的国际政治压力,才能夺得我国在国际政治舞台上的话语权,才能扩大我国在国际政治舞台上的活动空间,在国际经济新秩序的制定上把握主动权。

(2) 减少温室气体排放,改善我国的环境质量。为了实现经济的现代化,欧美主要发达国家通过工业化的进程率先实现本国经济社会的腾飞,此后一直在国际经济格局中起着主导作用,但在此过程中产生的温室气体的排放和累积,最终导致了全球气候暖化的国际性环境问题。西方发达国家应该为此负主要责任,并承担绝大部分的温室气体减排任务。中国目前作为发展中国家,虽然还没有强制性的温室气体减排义务,但长期以煤为主的能源消费结构使我国为经济发展付出了沉重的环境代价,同时我国温室气体排放总量跃居世界第一,面临的国际碳减排义务将越来越严峻。温室气体排放的逐年增加,不仅阻碍着我国气候环境的长远发展,降低我国居民生活的环境质量,也不利于国际气候改善工作的进行。面对国内经济发展和全球气候暖化日益尖锐的矛盾,我国作为负责任的发展中大国,必须通过发展低碳经济,降低煤炭等高碳化石能源的消耗量,增加清洁能源和可再生能源的消费,减少温室气体的排放。能源问题的真正解决,不仅要解决能源的供求问题,更要关注由此产生的一系列生态环境问题。低碳经济以"低开采、低能耗、低排放"为特点,是一种关注自然环境的经济发展模式。通过发展低碳经济,提倡节能减排和清洁生产,有利于改变我国目前以能源消耗换取经济发展的传统经济发展模式,提高我国经济发展的质量,同时也有利于低碳意识在全民的普及,促进消费方式和生产方式向"低碳"靠拢,有效控制温室气体的排放,不断改善我国的环境质量,实现经济社会的和谐可持续发展,达到真正意义上的"节约发展、清洁发展、安全发展",从而实现我国经济又好又快的发展。

(3) 引导技术创新,促进经济生产方式和消费方式的转变。低碳经济发展的关键是低碳技术的创新。为了促进我国低碳经济的发展，带动低碳产业的兴起，必须大力投资发展低碳技术。《中国应对气候变化国家方案》中早已明确提出："要发挥科技进步在减缓和适应气候变化中的先导性和基础性作用，促进各种技术的发展以及加快科技创新和技术引进步伐等。"为了促进我国低碳技术的发展，政府出台了一系列的支持措施，包括人才培养、资金投入和政策支持等。低碳技术的创新和运用，有利于电力、交通和建筑等高能耗部门实现较大规模的温室气体减排，大大降低我国温室气体的排放量。由于西方发达国家发展低碳经济的起点比我国早，其各方面的制度体系也发展得较为成熟，它们所拥有的低碳技术也一直处于世界领先水平。为了提高低碳技术的国际性水平，我国须放眼全球，积极采取"走出去"战略，合理利用国际资源，引进国外先进的低碳技术。唯有通过国内技术的自主创新和国外技术引进的有效结合，通过内因和外因的共同作用，才能使我国的低碳技术水平达到一个更高的层次，为低碳经济的长远发展提供动力。

低碳经济的发展会带动我国低碳技术水平的提高，进而导致我国产业结构和能源结构的调整和优化，从而有利于提高我国经济增长的质量。传统的粗放型经济增长方式虽然为经济的快速增长做出了巨大贡献，但同时也造成了一系列严重的环境问题，影响了我国经济增长的质量。低碳经济发展模式，倡导节能减排和清洁生产，力图通过技术的创新和开发投入新能源实现经济的绿色增长，大力推进经济增长方式由以往的粗放型向集约型转变，向新型工业化道路迈出新的一步，为我国高新技术产业的发展注入新元素。低碳产业是低碳经济发展的重要载体，低碳经济的发展也会促进低碳产业的进一步兴起。低碳产业的兴起，有利于控制我国原有高碳产业的发展规模，减少工业化生产中的能源消耗和大气中温室气体的排放，同时也可以刺激国内相关产业的发展，扩大与低碳产业各方面相关的需求，确立以内需为主的经济增长模式，改善我国过分依赖出口的不利局面，促进国民经济中"三驾马车"齐头并进，实现经济增长的稳定和谐。这同时也要求政府部门、企业部门以及社会个人要转变过去的经济发展观念，不再片面地追求经济增长的速度，而应更加关注经济发展的质量。

低碳经济是一种"三低经济"，以低能耗、低排放和低污染为基础。低碳经济模式所倡导的清洁生产方式，即要求在资源的开采、产品的生产和使用、废弃物的处置过程中，最大限度地提高资源和能源的利用率，同时最大限度地降低它们的能耗量和减少污染物的产生，有利于促进我国经济生产方式朝绿色生态的方向转变，减少传统经济增长方式对我国生态环境造成的不利影响。低碳经济模式所宣传的低碳消费、低碳出行等低碳理念，有利于提高公众的低碳意识，促使人们在生活中减少过度消费，在生产中节约能源、提高能效，引导人们使用低碳交通运输方式，使低碳消费理念在民众中得到普及，促进人们消费方式的转变。

二、国外发展低碳经济的经验

（一）欧盟政府

欧盟在应对全球气候暖化和发展低碳经济上，态度积极、行动迅速，争取在新一轮的国际竞争中占据制高点，在低碳经济发展的国际规则制定中起到主导作用。从2000年开始，欧盟就大力实施低碳产业扶植政策。2000年6月，欧盟实施"欧盟气候变化计划"（European Climate Change Programme，ECCP），其中包括"智能型能源——欧洲计划"、"电机挑战方案"等，此后又制定了一系列政策措施促进低碳产业的发展,包括以固定价格收购的方式支持新能源发展、以税收优惠政策支持可再生能源利用等。欧盟成员国还对本国的低碳能源生产部门提供补贴,到2001年,欧盟成员国的可再生能源补贴达到55亿欧元。2004年,欧盟政府开始实施低碳采购政策。欧盟委员会发布《政府绿色采购手册》,成立了欧洲绿色采购网络组织,建立采购信息数据库。欧盟政府绿色采购包括节能建筑、电动车、节能计算机、可再生能源电力等。欧盟政府低碳公共采购份额平均达到19%(薛睿,2011)。欧盟在以往工作的基础上于2004年3月完成了主要的应对气候变化的法律制定工作,提出了排放权交易计划。2006年,欧盟又推出"欧洲委员会行动计划——实现能效潜力",努力提高欧洲各成员国的能效水平。2007年《欧盟能源技术战略计划》出台,从人力和资金方面对低碳技术创新进行投入。为了促进低碳技术在各成员国中的实际应用,欧盟利用"技术推进"与"市场拉动"相结合的政策,努力为能源设施排放量的管制、绿色认证制度创造有效的市场需求,并相当重视风力发电产业和低碳金融服务业。

(二)英国

在还没有提出"低碳经济"概念之前,英国政府就一直关注着能源和气候变化问题。早在2000年,英国政府就开始执行第一次"气候变化计划",此后每年都会出台新的气候变化年度计划。此后,英国政府针对本国能源问题制定了一系列的政策措施,包括"能源效率义务"、"可再生能源义务"、"交通可再生能源义务计划"和"能源绩效证书等",为能源的安全供应和合理使用提供了政策保障。2001年,英国开始向能源消费征收气候变化税,并向完成节能目标的炼钢、酿造等企业实行税收减免。2003年2月24日,英国首相布莱尔在《我们未来的能源——创建低碳经济》白皮书中特别指出,由于环境产业具有高附加值的特性,发展环境产业可以带来发展规模达3万亿美元,提供100万就业岗位的低碳产业。2004年，英国颁布《能源法》，以可持续能源、核能问题和竞争的能源市场为核心内容。2007年5月，在英国第七届能源展览暨研讨会上，英国政府颁布了新的《能源白皮书》，进一步明确了实现低碳经济的能源总体战略，成为了英国的可再生能源开发政府纲领。英国政府为节能技术研发、节能项目实施等事项提供碳财政预算管理目标，并要求建立气候变化委员会，负责向英国政府就碳减排方面的投入、政策机制等具体问题提出建议和措施。

（三）德国

在发展低碳经济方面，德国政府一直走在世界前列。早在1999年，为了保障能源安全和保护生态环境，德国政府针对特定能源征收能源税，并相应降低纳税人社会保障税的比例。2000年，德国政府颁布《可再生能源法》，为国内发展清洁能源和可再生能源提供法律保障。2002年，德国政府又颁布《环境相容性监测法》，将企业生产的生态环境内部化，愈加重视工业化生产对环境造成的影响。2004年，德国政府修订《可再生能源法》，并在欧洲主导太阳能发电产业的发展，同时积极发展循环经济，大大减少了污染物的排放。为了发展可再生能源和提高能源效率，德国政府提出了具有本国特色的气候保护高技术战略，并先后出台了5期能源研究计划，加大对"高技术战略"的资金投入。2007年，"高技术战略"的发展框架初具规模，德国联邦教育部与研究部着手制定气候保护技术战略。该战略以气候预测和气候保护的基础研究、气候变化后果、适应气候变化的方法、气候保护的政策措施研究4个领域为未来的重点研究对象，同时为制定气候保护与节能减排的具体目标和时间表提供立法和执行机制的保障。2009年，德国政府又出台"二氧化碳捕捉和封存"的法规，刺激了本国低碳技术的发展，为完成欧盟内部规定的碳减排任务给予了法律上的支持。

(四) 美国

与欧盟相比，美国对于发展低碳经济的态度则相对冷淡，在气候变化问题上的态度也一向与其他国家相左。迫于国际形势压力和美国长远发展所需，2001年6月，布什政府宣布实施《全国气候变化技术计划》，对生物质燃料研发项目、太阳能发电技术项目、二氧化碳回收技术进行研发，优先发展本国处于优势地位的低碳技术。美国政府特别注重可持续能源的发展，通过吸引风险资本、私人投资，并制定生产税收减免等联邦法规，为开发和利用可持续能源、发展低碳经济提供资金和法律支持。2009年3月，《2009美国绿色能源与安全保障法》由能源委员会向国会提出，提议通过排放权交易制度的实施来控制温室气体的排放，并规定在碳市场的管制方面，由联邦能源管理委员会进行管理。为支持本国新能源产业的发展，美国政府通过联邦预算拨款政策、税收优惠政策和政府采购政策等低碳财政政策，大力扶植本国新能源发电产业和可再生能源发电产业的发展。2010年，奥巴马政府向国会提交了2010年度预算报告，提议通过增加财政支出，在基础能源科学、化石能源、能源效率和可再生能源等多个领域促进低碳技术的发展，想借此取得国际低碳技术发展方面的主导权。与此同时，美国各州政府也为发展低碳经济而积极出谋划策。目前美国已有40个州采取了有效的应对措施，成功地实现了削减温室气体排放的目标；20个州出台了鼓励使用可再生能源的措施，东北部各州还结合本地区的经济发展状况建立了温室气体排放指标交易体系。

(五) 日本

日本作为一个资源稀缺的国家，向来重视节能减排。2000年，日本政府就颁布了《绿色采购法》，将优先采购环保型产品作为日本政府采购工作中的一项义务，促进了日本国内绿色产业的兴起和发展。2003年，日本政府为了建设循环型低碳社会，制订了一系列的基本计划，并颁布了一套较为完整的法律法规。2007年10月颁布了《环境税》，以国家法律的形式将征收环境税提高到国家战略层面，旨在进一步削减碳排放。与此同时，日本政府还制定了"新国家能源技术战略"，积极促进本国低碳产业技术的发展，开启了日本的中长期创新战略与技术开发路线图。日本前首相福田康夫以政府的名义提出日本新的防止全球气候变暖的对策，即著名的"福田蓝图"，从技术创新、制度变革和生活方式的转变三个方面论述了应对低碳发展的对策。2008年秋，日本进行"排放权交易国内统和市场实验"，该实验由"试行排放交易机制"与"国内证书"交易两部分构成，是日本政府实施低碳产业组织政策、控制低碳市场行为的重要举措。此外，日本在国内还大力推行"节能领跑者制度"，使本国同类产品在世界市场上成为耗能最低的领跑者，并对主要的节能技术和设备的开发与推广实施财政补贴制度。

三、我国发展低碳经济的目标和政策

（一）发展低碳经济的目标

在发展低碳经济以应对全球气候暖化的国际背景下，我国在世界各国面前一直保持着积极的态度。作为《联合国气候变化框架公约》的缔约国，在全球气候暖化问题上一直坚持"共同但有区别责任"的原则，并于2002年批准了《京都议定书》，为全球碳减排行动贡献自己应尽的力量。我国政府还专门成立了国家应对气候变化领导小组，并设立了中国的 CDM[①] 主管机构。为促进 CDM 在我国国内的深入发展，2004 年国务院颁布了《清洁发展机制运行管理暂行方法》。2005 年 10 月，修订后的《清洁发展机制运行管理办法》正式实施，办法中的相关规定涉及 CDM 项目的实施领域、确认条件、审核等多个方面。到目前为止，我国已拥有全球最大的 CDM 市场，已成为注册项目数和签发数量最多的国家。2007 年 9 月，在亚太经济合作组织（Asia – Pacific Economic Cooperation，APEC）领导人峰会上，胡锦涛主席表示中国将发展低碳经济，并在 2009 年举行的联合国气候变化峰会上重申了中国积极发展低碳经济的决心。会议上，胡锦涛主席还阐明了发展低碳经济的中国立场：履行各自责任是核心，实现互利共赢是目标，促进共同发展是基础，确保资金技术是关键。"中国立场"的提出，将成为我国今后发展低碳经济的原则和方针。

国家发改委能源研究所于 2009 年底相继完成了《2050 中国能源和碳排放报告》、《2050 低碳发展情景研究》和《实施碳税效果和相关因素分析》三份课题报告以及出版《中国 2050 低碳发展之路：能源要求暨碳排放情况分析》等著作，为国家发改委制定低碳经济发展政策提供参考依据，并结合我国国情提出了国家能源发展战略的总体目标：到 2050 年，中国能源结构要使清洁能源比重达到 50% 以上，2050 年的能源消费总量为 50 亿 ~ 55 亿吨标准煤，2020 ~ 2030 年为中长期能源规划，到 2030 年能源消费总量为 45 亿吨标准煤。为与国际碳减排行动接轨，我国也提出了适合我国经济发展状况的低碳经济发展目标和相应的碳减排承诺：到 2020 年，我国单位 GDP 能耗比 2005 年降低 40% ~ 60%，单位 GDP 的二氧化碳排放量降低 40% ~ 45%。由此可见，在发展低碳经济和减少温室气体排放问题上，我国始终保持着一种负责任的大国姿态。

---

① CDM 清洁发展机制，是现存唯一可以得到国际公认的碳交易机制，基本适用世界各地的减排计划。

(二) 发展低碳经济的相关政策

1. 产业政策

2010年,国务院发布了《国务院关于加快培育和发展战略性新兴产业的决定》,根据战略性新兴产业的发展阶段和特点,把节能环保产业、新一代信息技术产业、生物产业、高端装备制造产业、新能源产业、新材料产业和新能源汽车产业等产业作为发展的重点方向和主要任务。战略性新兴产业是以重大技术突破和重大发展需求为基础,知识技术密集、物质资源消耗少、成长潜力大、综合效益好的产业,加快培育和发展战略性新兴产业对推进我国产业结构升级、构建低碳经济社会具有重要战略意义。发展低碳产业,可以以此为契机,实现产业结构从高碳向低碳转变,成为我国产业结构优化升级的一个重要方向。产业结构调整应侧重发展知识密集型和技术密集型产业,如信息产业和现代服务业(包括金融、物流、家政等)。特别是现代服务业,不仅要关注"中国制造",更应该关注"中国创造",要减少中间制造环节的能耗、物耗、污染。要重点防范发达国家通过跨国公司将高碳产业转移到发展中国家的做法,需要注意的是,未来数年,发达国家的钢铁产业、石化产业等高碳产业都会向发展中国家转移,而这些投资规模很大的项目,20~30年内很难被淘汰或搬走。因此,优化产业结构,提高高碳产业准入的市场门槛,积极发展低碳产业对中国未来经济发展具有举足轻重的战略意义(陈迪,2012)。

2. 技术政策

低碳技术也称清洁能源技术,主要是指通过提高能源使用效率来稳定或减少能源需求,同时减少对煤炭等化石燃料依赖程度的主导技术,涉及电力、交通、建筑、冶金、化工、石化等部门以及在可再生能源及新能源、煤的清洁高效利用、油气资源和煤层气的勘探开发、二氧化碳捕获与埋存等领域开发的有效控制温室气体排放的新技术

（王蓓，2011）。低碳技术是低碳经济的支撑，是实现低碳经济的基础。目前，我国通过自主创新积极研究开发推广应用碳捕获和碳封存技术、能源利用技术、减量化技术、新材料技术、生态恢复技术、替代技术、再利用技术、资源化技术、生物技术、绿色消费技术等低碳技术（宋雅杰，2010）。但是，发展低碳技术，不仅要依靠企业自身的努力，还需要政策法律等多方面措施支持和保障，其中政府的政策支持尤其重要。2004年国务院通过《国家能源中长期发展规划纲要（2004~2020）》，这是当前我国政策文件中对于低碳技术发展最为重要的一份文件，同年，国家发改委发布了《节能中长期转型规划》；2005年，全国人大审议通过了《可再生能源法》，作为适当修订，2007年制定《可再生能源中长期规划》，发布了《中国应对气候变化国家方案》；2008年，发布《可再生能源发展"十一五"规划》和《中国应对气候变化的政策与行动》等一系列支持低碳技术发展的政策文件（刘中然，2012）。

3. 财税政策

财政方面，近年来，我国政府在节能减排、资源循环利用等领域进行了大量的财政补贴，以确保经济持续、健康、稳定的发展。如为研发节能减排技术的企业或机构提高低息或贴息贷款，或者延长贷款期限；对拆除高碳排放设施，引进使用节能减排设备的企业进行财政补贴；对开展资源循环利用的企业给予减免税、即征即返、先征后返等间接补贴；对农村建造使用沼气系统、省柴灶、小水电、小型风电机和小型光伏发电系统的农户给予直接的费用和材料补贴等。地方政府为了促进本省市的低碳经济发展，加快节能减排的进程，大力增加财政直接投资。如浙江省财政筹措2亿元用于全省环境质量自动监测系统建设，落实3.5亿元用于城市污水和垃圾处理项目；山东省设立3700万元财政资金专门用于对风能、海水利用、地源热泵等新能源的研发进行奖励，引导企业进行新能源核心技术创新性研究（陈迪，

2012）。税费方面，近年来，我国不断对资源税进行改革，希望资源税的征收不仅能够带来财政收入，还能减少资源浪费现象。2009年，我国将燃油税作为消费税的一种开始全国范围征收，全面实行成品油费改税。同时，将价内征收的汽油和柴油的消费税单位税额相应提高。但是同时，乙醇汽油、生物柴油也被列入成品油的征税范围，燃油税的征收没有起到促进新的环保能源使用的作用。排污收费虽然不是正规税收的一种，但是它是我国环境保护的一项有力措施。2003年7月1日起施行了《排污费征收标准管理办法》，标志着按排污总量征收的排污费的全面推行。

4. 法律法规

中国是最早制定实施《应对气候变化国家方案》的发展中国家。从环境保护立法看，我国早在1989年就已经颁布实施了《环境保护法》。为了应对国际气候变化，我国先后制定了《电力法》（1996年4月1日施行）、《煤炭法》（1996年12月1日起施行）、《节约能源法》（1998年1月1日施行）、《可再生能源法》（2006年1月1日起施行）、《循环经济促进法》（2009年1月1日施行）、《清洁生产促进法》（2003年1月1日施行）等系列法律法规，从节能减排、提高资源利用率等方面有效地推动了低碳经济发展（白洋，2012）。此外，2009年我国还审议通过了《可再生能源法》修正案，并于2010年4月1日起实施，有效带动了我国风能和太阳能光伏发电产业的迅速发展。除此之外，为了推进低碳经济，我国还将在下一步适时开展一些环境和资源领域法律的修改工作，比如《环境保护法》、《环境影响评价法》、《大气污染防治法》、《水资源保护法》、《矿产资源法》、《海洋环境保护法》、《煤炭法》、《电力法》等，抓紧制定和修订节约用电管理办法、节约石油管理办法、建筑节能管理条例等，并将进一步落实清洁能源、低碳能源开发和利用的鼓励政策（白洋，2012）。

第三章 江西省低碳经济的发展现状与制约因素分析

本章首先对江西省经济发展现状、碳排放情况进行了总体分析，然后总结了江西目前对发展低碳经济的有益探索以及在低碳农林业、低碳工业、低碳建筑业、低碳服务业所取得的初步成就，最后提炼了江西发展低碳经济所面临的制约因素，包括国际环境、制度环境、技术水平和机制体制等，从而为江西省低碳经济发展的路径提供研究观点。

一、江西省发展低碳经济的必要性

当前及今后一段时期，是江西省深入贯彻落实科学发展观、努力争当生态文明建设"排头兵"的重要时期，也是推进建设绿色经济强省战略实施的关键时期。作为资源能源依赖度较强的省份，江西省发展低碳经济是合理调整能源结构、经济结构和消费结构，坚持走新型工业化道路，实现可持续发展的新选择；是尊重自然客观规律、发挥自身独特优势、提升综合实力和核心竞争力的新举措。大力发展低碳经济是江西省贯彻落实科学发展观、推进经济和环境协调发展的重要决策，发展低碳经济成为江西省融入全球化的助推器。发展低碳经济，对于江西省而言是非常必要的。

（一）低碳发展是转变经济发展方式、加快绿色经济强省建设的着力点

江西省在全国经济发展格局中处于产业链的低端，资源依赖型和高耗能的产业比重较大，资源能源利用效率低，经济发展方式比较粗放。推进低碳发展，有利于促进江西省产业结构调整和升级，加速推进新型工业化，促进传统产业的低碳化发展；有利于发挥江西省可再生能源丰富的比较优势，促进可再生能源、节能环保等低碳产业的发展，形成新的经济增长点，抢占未来发展的制高点；有利于提高资源能源利用效率，促进生活方式和消费模式的转变，加快资源节约型和环境友好型社会的建设；有利于推动江西省绿色经济发展，不断提升综合实力和竞争力，早日实现建设绿色经济强省的战略目标。低碳发展是江西省贯彻落实科学发展观、加强生态文明建设的具体实践，也是进一步增强可持续发展能力、实现又好又快发展的迫切需要。

（二）低碳发展是培育未来增长点、强化区域竞争力的必然要求

发达国家纷纷提出减排计划，建立碳权交易市场，推出"低碳"技术和产品标准，争夺全球涉碳的话语权和规则制定权。一些跨国公司大力发展低碳技术，创造先行优势。如西门子公司在环境和气候领域已坐拥3万项专利，发展中国家实行节能减排必须向其购买这些专利技术和产品。低碳经济还催生了新的经济增长点，英国《斯特恩报告》预测2050年全球低碳产品市值每年将达5000亿美元。发展低碳经济将创造大量市场机会。美欧日汽车产业竞相开发"低能耗、低排放"的新型动力车。丰田推出了8款油电混合动力车，通用计划4年内推出16款混合动力车，欧盟也在积极支持发展氢能动力车。美欧能源产业目前正在加大对低碳能源及技术的开发，提高核能、风能、太阳能、可再生生物能、清洁煤等替代能源的开发比重，积极研发碳捕获及埋存技术。BP公司计划未来10年投资80亿美元建立风力、太阳能板和氢能发电厂转型成全球最大再生能源公司。

（三）低碳发展是推进绿色江西保护行动、构筑国家生态屏障的重大举措

江西省位于中国东南部，是唯一与长江三角洲、珠江三角洲和海西经济区毗邻的省份，森林资源丰富，生态环境优美，区域发展优势独特。鄱阳湖生态经济发展规划和赣南等原中央苏区振兴发展先后上升为国家战略，均提出要将江西省打造成为我国南方的重要生态屏障的发展战略和发展要求。加快推进低碳发展，有利于在全江西省上下进一步强化生态立省、环境优先的意识，推进绿色江西保护行动，巩固生态环境这一重要的发展基础，在经济实力得到提高的同时，生态环境保持良好，实现经济发展与生态保护双赢；有利于江西省肩负起构筑生态屏障的责任，树立良好的环保形象，提高江西省在国内外的影响力和知名度，增强与国内国外的合作。

（四）低碳发展是满足江西省能源需求、积极应对环境压力的迫切需要

目前，江西省正处在工业化、城镇化快速发展阶段，对能源的需求持续增长，对化石能源的依存度较高，石油制品全部由省外输入。化石能源资源的有限性、国内外油价的波动及其带来的能源供需矛盾，已成为影响江西省经济可持续发展的现实问题。同时持续增长的化石能源消费和以煤为主的能源消费结构，是造成二氧化碳排放的主要原因。推进低碳发展，提高能源利用效率和可再生能源消费比重，有利于促进江西省能源结构向低碳化、清洁化转变，降低对煤炭、石油等高碳能源的依赖和消耗；有利于减少二氧化碳的排放，提高江西省应对气候变化的能力，为减缓气候变暖做出贡献。

（五）低碳发展是发挥后发竞争优势、实现跨越式发展的必由之路

江西省工业化和城镇化发展水平较低，产业结构调整潜力较大，产业向低碳调整和转型具有后发竞争优势。大力推进低碳发展，通过结构调整、技术创新和发展方式变革，积极推动社会经济朝着低碳方向转型，有助于优化经济结构和提升产业层次，尽快步入发展与保护良性循环的轨道，最大限度地避免传统工业化、城镇化的弯路及弊端，实现经济社会跨越式发展。

二、江西省经济发展的基本状况

根据《2013年江西省国民经济和社会发展统计公报》，2013年江西实现地区生产总值14338.5亿元，比上年增长10.1%（见图3-1）。其中，第一产业增加值1636.49亿元，增长4.6%；第二产业增加值7671.38亿元，增长11.7%，其中工业增加值达6434.41亿元，增长11.9%；第三产业增加值5030.63亿元，增长9.1%。三次产业对经济增长的贡献率分别为5.1%、65.7%和29.2%，三次产业结构调整为11.4:53.5:35.1。人均生产总值31771元，增长9.7%。

从全省经济发展形势看，江西省经济近年来取得平稳较快发展，主要经济指标处于合理区间、增长幅度高于全国平均水平，企稳回升的态势进一步显现，质量与效益继续提高，取得地区生产总值连续多年经济增速保持两位数增长，人均GDP实现新跨越，突破5000美元

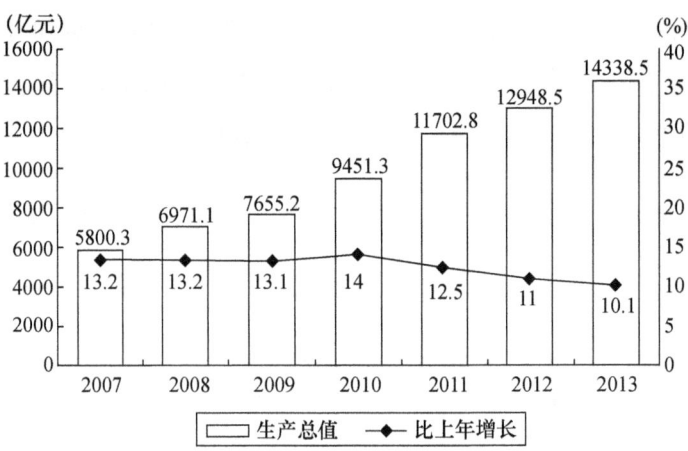

图 3-1　2007~2013 年江西省地区生产总值及其增长速度

资料来源：江西省国民经济和社会发展统计公报（2007~2013）。

关口的骄人成绩。虽然全省增速喜人，但是经济总量仍然偏小。从中部六省看，江西省生产总值连续五年位居第 5。2013 年省生产总值比排名末位的山西省高出 1700 亿元，却以 4700 亿元的较大差距落后于位居第 4 的安徽省。江西省与周边省份的发展显现出部分弱势和不足，具体如下：

（一）江西省三次产业结构比例不合理

改革开放以来，中部六省产业结构实现了由"二、一、三"到"二、三、一"的历史性转变，产业结构的变化趋势总体符合国际和全国的变化规律。从江西省的情况看，第一产业占 GDP 比重持续下降；第二产业比重稳重增长，近几年基本稳定在 50% 以上；第三产业比重不断上升，占三成左右（见表 3-1）。但是与全国相比，以江西省为代表的中部省份三次产业的变化趋势有较大差异。在 21 世纪的前十年，江西省第三产业比重明显下降、第二产业显著扩张，部分工业行业产能过剩、环境污染问题显现，严重制约江西省产业结构的优化转型升级。所以进入"十二五"期间,江西省产业结构有所优化,2013年第三产业比重增至35.1%,但是与全国46.1%的平均水平相比还存在较大差距。

表3–1 中部六省产业结构变化趋势 单位:%

地区	年份	1978			2002			2010			2013		
	项目	一产	二产	三产	一产	二产	三产	一产	二产	三产	一产	二产	三产
湖北		40.5	42.2	17.3	16.8	40.6	42.6	13.4	48.7	37.9	12.6	49.3	38.1
河南		39.8	42.6	17.6	21.3	45.9	32.8	14.1	57.3	28.6	12.6	55.4	32.0
山西		20.7	58.5	20.8	8.5	48.8	42.7	6.0	56.9	37.1	6.1	53.9	40.0
江西		41.6	38.0	20.4	21.9	38.5	39.6	12.8	54.1	33.0	11.4	53.5	35.1
安徽		47.2	35.6	17.3	22.3	38.9	39.8	14.0	52.1	33.9	12.3	54.6	33.1
湖南		40.7	40.7	18.6	20.4	36.7	42.9	14.5	45.8	39.7	12.7	47.0	40.3
全国		28.2	47.9	23.9	13.7	44.8	41.5	10.1	46.8	43.1	10.0	43.9	46.1

资料来源:《中国统计年鉴》、国家及各省份相应年份的《国民经济和社会发展统计公报》。

(二) 江西高耗能产业比重较高

江西省高耗能产业比重不仅远高于全国,在中部六省中也属于比例最高的。2012年,江西省高耗能产业实现主营业务收入10981.99亿元,占规模以上工业企业主营业务收入49.3%,所占比重高于全国15.2个百分点(见表3–2)。与中部相比,比重是唯一接近50%的省份。占比较高的落后产能和高耗能产业对江西工业的产业升级产生了严重的阻碍作用。

(三) 江西省高新技术产业和研发力量远低于全国平均水平

江西省国家级企业技术中心数量仅有7家,居全国29位,中部末位,不仅与江、浙、鲁、豫等技术创新工程试点省、市的距离相去甚远,与中部六省及其他省份的差距也非常大(见表3–3)。

表3-2 2012年高耗能行业主营业务收入占规模以上工业比重   单位:%

地区 行业	全国	湖北	河南	山西	安徽	江西	湖南
高耗能行业合计	34.1	36.5	37.4	42.0	33.7	49.3	36.2
石油炼焦和核燃料加工业	4.2	2.2	2.4	7.6	1.2	2.3	2.8
化学原料和化学制品制造业	7.3	8.7	5.3	4.2	5.5	8.4	8.3
非金属矿物制品业	4.7	5.8	10.7	2.0	5.4	7.6	6.6
黑色金属冶炼和压延加工业	7.7	10.5	6.0	17.1	7.6	5.6	5.7
有色金属冶炼和压延加工业	4.4	3.8	7.4	2.7	6.6	21.2	8.4
电力、热力生产和供应业	5.7	5.6	5.5	8.3	7.5	4.1	4.5

资料来源:《中国统计年鉴》(2013)以及各省份的统计年鉴。

表3-3 2012年全国国家级企业技术中心分布   单位:个

地区	中心数	地区	中心数	地区	中心数
山 东	121	湖 南	29	贵 州	13
江 苏	64	天 津	30	云 南	15
河 南	56	辽 宁	35	黑龙江	12
浙 江	62	西 安	8	内蒙古	11
广 东	67	山 西	22	宁 夏	10
北 京	42	江 西	7	广 西	7
四 川	43	重 庆	16	青 海	1
上 海	41	福 建	27	海 南	2
湖 北	37	甘 肃	14	新 疆	10
安 徽	33	吉 林	14	西 藏	2
河 北	28	陕 西	8		

资料来源:国家级企业技术中心名单(887家),http://www.ce.cn/xwzx/gnsz/gdxw/201302/21/t20130221_24131438.shtml。

三、江西省气候变化与碳排放情况

(一) 江西省气候变化情况

在全球气候变暖的大背景下,江西省气候也发生了明显变化,观测事实表现为:温度上升趋势明显。1961~2010年,全省年平均气温上升了0.80℃，其中1984年以来升温趋势更明显，到2010年的27年间年平均气温上升了1.35℃。全省年平均最高气温呈微弱上升趋势，年平均最低气温上升趋势显著。冬季变暖的趋势更明显，平均气温上升了1.35℃，近20年来暖冬出现频繁。降水量呈略增多趋势。1961~2010年，全省年降水量呈略增加趋势，但年降水日数则呈减少趋势，平均每10年减少6.9天。2000年以来降水日数明显减少，年降水日数减少了15.0天，强降水事件增加。极端天气气候事件增多。极端高温事件呈多发趋势；旱涝灾害更加频繁，且强度增强；台风频次增多影响范围增大。

（二）江西省温室气体排放现状

2009年江西省温室气体排放总量约为26000万吨二氧化碳当量。主要温室气体排放源包括：化石燃料燃烧排放二氧化碳约为17500万吨，占排放总量的67%；工业生产过程排放温室气体约为5850万吨二氧化碳当量，占排放总量的23%；农业甲烷约排放105万吨，折合2200万吨二氧化碳当量，占排放总量8%；固体废弃物和废水处理约排放甲烷21万吨，折合450万吨二氧化碳当量，占2%。扣除全省当年森林碳汇总量约为350万吨二氧化碳，实际排放总量约为25650万吨二氧化碳当量。

根据南昌大学张迎迎研究结果，1995年以来，江西省碳排放总量总体上呈上升趋势，并以2002年为分界点：2002年以前碳排放量增长比较平稳，总量基本保持不变。2002~2010年碳排放总量逐年迅速提高，由2002年的1878.84万吨增加到2010年4070.00万吨，增幅达1.16倍。1995~2010年碳排放量的整体走势与上述产业结构的演变态势也基本符合，表明2002年以后江西省注重第二产业的发展，扩大对经济增长贡献率较高的重化工业的资金、能源等生产要素的投入，进而导致碳排放量的大量增加。同时，人均碳排放量也呈持续增加趋势，由 1995 年的 0.39 吨/人增至 2010 年的 0.912 吨/人，这说明江西省碳排放总量的增速超过了人口总量的增长速度，由此可知，控制碳排放总量的增加是提升低碳经济竞争力的关键。

另外，碳排放强度总体呈先下降后上升再下降的波动下降趋势，2002 年后的下降趋势是因为江西省以经济发展为重心，经济增长速度与之前相比较快，经济总量增幅大于碳排放总量增幅，同时也表明江西省正逐步进入低碳经济发展之路。但江西省碳排放强度仍高于全国平均水平，在现如今产业结构和能源消费结构双重影响下，碳排放强度下降幅度很难有质的变化，实现低碳经济发展模式，提升低碳经济竞争力面临着重重障碍。

（三）江西省能源消费现状分析

能源消费既要满足经济和社会的发展，又承载着减少碳排放的双重压力。能源消费结构和能源效率是影响碳排放量的关键因素，其中能源消费结构主要由煤炭、石油、天然气、电力等构成。能源效率亦称作能源强度，通常用单位产出的能源消耗来刻画解释，其计算公式如下：

能源效率 = 能源总量/产出

其中，产出用 GDP 表示。能源效率的值越大表明能源效率越低。相反，其值越小说明能源利用效率越高。通过整理筛选《江西省统计年鉴》中的相关数据并结合公式，得出江西省能源消费结构和能源效率的变化趋势（见表 3-4 和图 3-2）。

表 3-4　2002~2012 年江西能源消费量和能源效率

项目 年份	GDP （亿元）	能源消耗总量 （万吨标准煤）	能源 效率	能源构成（%）			
				煤炭	石油	天然气	水电
2002	2450.48	2933.0	1.20	68.7	21.8	—	9.5
2003	2807.41	3426.0	1.22	74.5	22.2	—	3.2

续表

项目 年份	GDP （亿元）	能源消耗总量 （万吨标准煤）	能源 效率	能源构成（%）			
				煤炭	石油	天然气	水电
2004	3456.70	3814.0	1.10	72.6	16.9	—	10.5
2005	4056.76	4286.0	1.06	74.0	17.0	—	6.6
2006	4820.53	4660.0	0.97	73.8	16.9	0.2	7.4
2007	5800.25	5052.5	0.87	74.9	16.9	0.3	5.3
2008	6971.05	5383.0	0.77	71.7	16.7	0.6	5.7
2009	7655.18	5812.5	0.76	72.0	16.0	0.5	4.7
2010	9451.26	6248.5	0.66	71.9	16.6	1.0	4.8
2011	11702.80	6928.2	0.59	74.3	15.4	1.2	4.1
2012	12948.90	7232.9	0.56	70.0	15.7	1.8	6.6

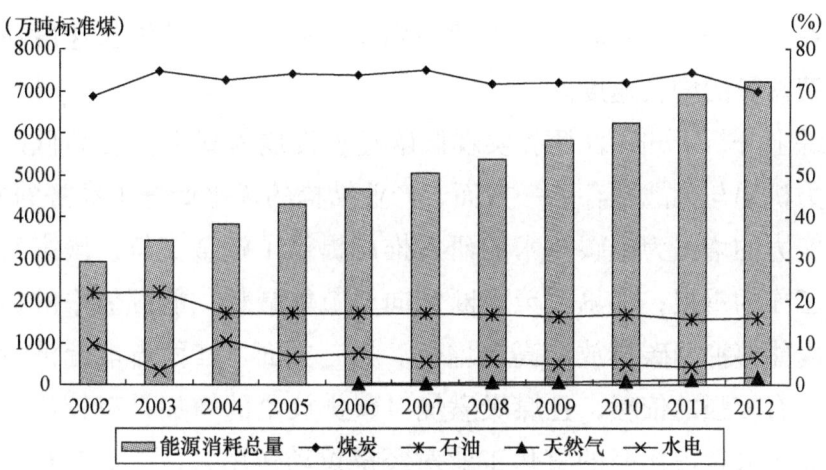

图3-2　2002~2012年江西省能源消费量和能源构成

资料来源：《江西统计年鉴》(2001~2013)。

结合图表分析能源消费结构和能源效率的变化趋势，从能源消费总量角度分析，消费总量整体呈上升态势。从2002年的2933万吨标准煤增至2012年的7232.9万吨标准煤，年均增长9.45%。此外，能源供需不平衡，导致江西省每年需从能源生产丰富地区调进能源资源，才能满足生产和生活的需要，且在能源运输过程中又增加了碳排放量。由江西省能源消费结构趋势图可知：江西省能源消耗中煤炭占比高居第一，均维持在70%以上；石油、水电的消费比重整体呈水平状态，对具有"清洁能源"之称的天然气的使用量虽有增长，但微乎其微，2012年天然气消费占比仅1.8%，且利用天然气起步期晚，直至2006年开始江西省才有相关天然气利用的数据。以煤炭消费为主导的能源消费结构，导致大量温室气体的排放，也是碳排放量增加的主要来源，且这种能源消费品种单一的现状短期内难以改善。能源效率的提高、能源的充分燃烧利用能够减少碳的排放量。2002～2012年江西省单位GDP能耗不断下降，主要因为江西省长期坚持"开发与节约并举、把节约放在首位"的能源方针，把节能降耗作为低碳经济发展的重要内容。在发展经济的同时提高能源利用率，使得经济的增长速度快于能源消费总量的增长速度。

综上分析可知，江西省实现低碳经济发展模式继而提高低碳经济竞争力机遇与挑战并存。一方面，产业结构的优化促进了经济的发展，经济实力的增强为低碳技术的研发推广提供了资金支持；国家对节能减排工作的重视，优惠政策不断倾向于节能减耗，能源效率的提高短时期内能够抑制碳排放的高速增长。另一方面，江西省能源消费对煤炭仍具有较强的依赖，且煤炭燃烧对碳排放量的增加具有较高的贡献值，碳排放量占比高的重化工业对经济拉动作用大，"十二五"时期江西工业化、城镇化的步伐将继续加快，对能源的需求量必定保持高速增长趋势，江西省提升低碳经济竞争力之路任重道远。

四、江西省低碳经济发展的有效探索

(一) 首届世界低碳大会在南昌召开

2009年11月18日,首届世界低碳与生态经济大会暨技术博览会在南昌举行。大会以"节能减排与绿色生态"为主题,探讨了低碳生态经济发展和节能减排的方针政策和技术方案,发表了关于实施低碳发展的《南昌宣言》。倡议要在全世界大力发展低碳经济,提倡低能耗、低污染、低排放,推行能源高效利用、清洁能源开发、绿色GDP核算等,力求低碳经济模式与低碳生活方式双管齐下,实现人类生存发展观念的根本性转变。2010年7月,国家发改委应对气候变化司正式下发《关于开展低碳省区和低碳城市试点工作的通知》,南昌市被列为全国首批低碳试点地区,成为全国唯一被列为发展低碳经济试点的省会城市。为全面推进低碳经济发展战略,把生态优势转化为经济优势,打造低碳城市,推进生态文明,南昌市政府审议通过了《关于进一步深化"花园城市、绿色南昌"建设的若干意见》,提出将构建低碳生态产业体系,把南昌打造成为我国乃至全球最具竞争力的光伏产业基地、国家LED产业制造中心和服务外包人才培训基地,把南昌打造成世界知名的"绿城光都"及我国发展低碳和生态经济示范城市。

(二) 制定了江西省低碳经济发展战略

在首届世界低碳与生态经济大会暨技术博览会在江西南昌举行之际,江西省委、省政府发布了国内首个省级低碳经济发展白皮书——

《绿色崛起路——江西省低碳经济社会发展纲要》(以下简称《纲要》),制定了低碳农业、低碳工业、低碳旅游的省级低碳经济发展纲要,其内容涉及江西省低碳经济发展的目标及战略区域布局思路。《纲要》指出,要大力发展低碳经济,提倡低污染、低能耗、低排放、能源高效利用、清洁能源开发、绿色GDP核算等低碳模式,力求低碳经济模式与低碳生活方式双管齐下,实现人们生存观念的根本改变。同时大力推动技术创新和制度创新,建立与低碳经济发展适应的生产方式、消费模式并鼓励低碳发展的国际国内政策、法律体系和市场机制。《纲要》确定了低碳经济发展目标:到2020年,江西省产业结构、能源结构必须合理,生产方式基本实现向低碳经济方式转变。同时,提出要建立有利于低碳经济发展的政策体系,在吃、穿、用、住、行等领域,综合利用税收、价格、经济补偿等政策工具,引导"低碳化"消费方式,抑制"高碳化"消费。

(三) 产业结构进一步调整

改革开放以来,江西省不断提升发展理念,完善产业政策,转变发展方式,经济总量和发展质量跨上新台阶。三次产业的结构比例由1978年的41.6:38.0:20.4调整为2013年的11.4:53.5:35.1,第一产业比重显著下降,第二、第三产业比重明显上升。第二产业内部结构发生了积极变化,房地产业蓬勃发展,成为重要的支柱产业;机械、信息、电子等高技术、高附加值的行业迅速壮大,支撑作用日益明显;电信、旅游、信息服务等行业取得长足发展。这些产业结构的变化,大大增强了经济发展中的节能效益。

(四) 能源结构进一步优化

由于江西省缺乏一次性能源,50%的能源需要从外部调入,煤炭在能源结构中所占的比重超过70%。"十一五"期间,江西省十分重视改善能源结构,大力发展风电、水电、生物质能和核能等清洁能源,取得了显著成效。到2010年,风电装机容量达到8.4万千瓦,水电装机容量达到390万千瓦。太阳能光伏产业在全国居领先地位,南昌厚田沙漠20兆瓦太阳能光伏电站已开工建设。西气东输二线工程已开工建设,川气东送入赣工程已经建成通气,南昌垃圾发电厂和丰城煤矿瓦斯发电厂已投入运行。

(五) 鄱阳湖生态经济区的建立

2009年12月12日,国务院正式批复《鄱阳湖生态经济区规划》,标志着建设鄱阳湖生态经济区上升为国家战略。其发展定位是"三区一平台",即通过2009~2015年先行先试、强基固本和2016~2020年深入推进、全面发展两个阶段的建设,建成全国大湖流域综合开发示范区、长江中下游水生态安全保障区、加快中部崛起重要带动区和国际生态经济合作重要平台,成为全国乃至世界低碳与生态经济的先行试验区、生态文明与经济文明协调发展以及人与自然和谐相处的生态经济示范区。

鄱阳湖生态经济区建设不是传统的特区经济模式中单纯产业的集聚,生态优先是鄱阳湖生态经济区规划的第一原则。为体现这一原则,鄱阳湖生态经济区在总体规划中提出设置生态保护带、生态恢复带和生态控制带等设想。把候鸟保护区、湿地生态功能保护区、水源保护区、生物多样性保护区、林业生态区、农田生态区等重要生态功能区保护和建设放在优先位置。同时,生态工业、生态农业、生态旅游业、现代服务业、生态环保业、绿色消费等都成为鄱阳湖生态经济区产业提升的推动核心。鄱阳湖生态经济区着力发展高新技术产业,加快光电产业、高精铜材、优特钢材、特种车船、精密制造、生物医药、特色化工、绿色食品、新型建材、生态农业十大特色产业集聚。可见,建设"鄱阳湖生态经济实验区"将极大促进江西省低碳经济发展。

（六）低碳研究领域有所突破

围绕"用科技创新助推低碳发展"的要求，以科技创新"六个一"工程为抓手，着重从资源环境科技创新、节能减排技术研发、可持续发展实验区建设等方面推动江西省的低碳发展。以主攻十大战略性新兴产业为中心任务，以创新型企业为实施主体，以实施重大科技项目为主要抓手，以建设国家级创新平台、战略性新兴产业特色基地和优势创新团队为重要支撑，大力提升江西省自主创新能力，带动产业结构优化升级，形成新的产业发展格局。截至2010年底，全省组建了国家级研发平台3个、国家级科技城1个、国家级高新产业特色基地3个、国家级生产力促进中心2个、国家级可持续发展实验区5个，以及省级重点实验室6个和省级工程技术研究中心10个；组建了光伏材料、半导体发光材料、陶瓷材料、鄱阳湖生态等相关优势创新团队26个；培育了国家级创新型和试点节能减排低碳产业企业8个；组建了光伏、陶瓷、锂电、电瓷、实验动物等产业技术创新战略联盟16家。

五、江西省低碳产业的发展成就

经过近几年的发展，江西省低碳产业发展取得了初步成效。在低碳农业方面，部分地区以低碳农业为目标，进行了较多项目的发展尝试，如有机农业、生态养殖、沼气利用、谷壳发电等；在低碳工业方面，已在光伏产业、半导体照明产业、新能源汽车及动力电池产业，以及其他低碳产业取得初步成效；在低碳服务业方面，低碳旅游已在部分旅游景点进行尝试，婺源获得"全国低碳旅游试验区"称号，上犹获得"中国低碳旅游示范县"称号,井冈山将低碳概念与红色旅游资源相结合,全面贯彻到旅游的"吃、住、行、游、购、娱"各环节中;在软件信息服务业、文化创意产业方面也取得了一定的发展。

(一)低碳农林业

传统的中国农耕文明深刻影响着现代农业的发展,改革开放以来,以化学农业、石油农业、机械农业为主的现代农业正加速推进中国农业的现代化进程,中国农业取得了长足的发展,但是中国农业的产出水平提高的同时也导致了环境破坏和成为温室气体第二大来源的农业源。低碳农业的具体实现过程分成生产低碳化和生活低碳化两种实现方式。对于江西省来说,要发展低碳农业经济,不仅要对已经成功运用的生态农业模式进一步地推广和改善,还要结合自身的自然地理和社会经济条件。目前江西省具体低碳农业发展模式有如下几种:

1. 循环型农业

循环农业中农业产品和农业废弃物之间的联系产生了一种反馈流程式的农业生产模式,资源—农产品—农业废弃物—再生产农产品(再生资源)是典型的循环模式,这种模式建立了农业内部和农业与工业之间的共生网络,循环利用农业资源进而减少废弃物的生产或者不生产废弃物,从而减少农业的污染。

农业生产过程中的稻秆可以作为养殖业饲料、工业原料、生物质能发电原料和还田原料,还能作为食用菌生产;粪便作为生活和畜牧业废弃物主要能用于沼气的生产和肥料返田,沼气可供农村能源消费,沼渣用作肥料,沼液用于喂猪、养鱼、浸种。因此农业的副产品和有机废弃物都可以进行资源再生和循环利用。通过立体养殖水产品和种植农作物,实现大农业间的共生,农业资源可以更大程度地得到高效利用,通过农业废弃资源的资源化和再利用,不仅可以实现农业资源利用效率的最大化,又能减少温室气体的排放量。江西通过大力发展

"猪—沼—果"、"猪—沼—渔"等生态农业循环发展模式实现了生态、经济、社会效益的统一。如新干依托自身的生猪生态养殖、沼气利用、果树种植形成了具有生态系统性质的低碳农业模式。2009年新干全县生猪饲养出栏90万头,全县已建立生态养猪小区39个,小区内共有养猪户200余户,建有栏舍410栋,栏舍面积16.8万平方米,出栏生猪20余万头;积极发展无公害生猪养殖,5个养殖场(小区)获得产地无公害证书。

2. 休闲农业模式

传统农业与休闲农业的最大差异在于休闲农业具有服务功能的性质。江西省是以农业生产为主的大省,农业旅游资源、生态及自然资源极其丰富,各地的农业和民俗区域性特色明显、交通条件便捷以及良好的政策环境,都为发展休闲农业与乡村旅游提供了良好的条件。

近年来,江西省各地以区位、经济、环境及民俗等农村和农业资源为基础,在大中城市、名胜景区周边、传统特色农区、红色旅游区和滨湖地区的"农(渔)家乐"、休闲农庄、观光采摘园、现代农业示范园等各种模式的休闲和旅游相结合的新兴业态如火如荼蓬勃发展,并逐步得到了规范,形成了"政府引导、农民主体、社会参与"的休闲农业发展新格局。据不完全统计,全省各类休闲农业企业已超过2000家,其中,年产值超500万元规模的企业200多家,规模经营的农家乐1万多家。2010年,全省休闲农业企业从业人员已超过30万人,其中农民就业达28万人;年接待游客超过800万人次,综合收入超60亿元。归纳起来,全省观光休闲农业主要有以下几种形式:

(1) 农业特产节。各地以展示名特优农产品名义举办了多种节庆活动,如赣南国际脐橙节、南丰蜜橘节、会昌米粉节、泰和乌鹏节、婺源油菜花节、南昌县樱花节、安源葡萄节、永修桃花节等。把宣传产品、交流技术、洽谈贸易与观光旅游融为一体,收到了良好的效果。

(2) 生态示范园。原江西蚕桑茶叶研究所打造的江西现代生态农业示范园（凤凰沟景区），充分利用现有花卉苗木、果业、茶叶、蚕业、水稻、水产和养殖等多种生态优势产业，由原来单一的蚕桑茶研究模式，拓展形成了一个集"生态模式、科技集成示范、品种展示、科普教育、技术培训、农业体验和休闲观光"多种功能为一体的省级现代生态示范园。

（3）乡村旅游。江西省的婺源县、渝水区被认定为全国休闲农业与乡村旅游休闲农业示范县。乡村旅游需要具有独特的自然条件如名胜风景区、红色旅游区和滨湖区，或者具有农业资源产业优势的地区如特色农产品区等。

3. 林业生态

研究表明，森林每生长1立方米的蓄积量，平均能吸收1.83吨二氧化碳，释放1.62吨氧气。这是国际公认的目前应对气候变化最经济、最现实的手段。推广森林质量改造项目，提高森林单位面积蓄积，实现森林碳汇容量"内涵"的提高。近年来，江西省通过提高生态公益林生态补偿标准、提高工程造林投入标准、推广森林质量改造项目、开展大规模植树造林绿化活动。林业上侧重提高林业资源的利用率，同时加大了林业资源的保护力度和种植力度。

（1）重点抓好林业生态工程建设。实施好鄱阳湖生态经济区流域生态防护林体系工程，通过封山育林、低产林改造、疏林补植、造林、抚育等多种途径，保护和恢复森林植被，改善生态状况，减少各类生态灾害，尤其是鄱阳湖流域的生态状况。通过实施六大生态工程建设，2011年底，江西省森林覆盖率为63.1%。其中，林地覆盖率55.85%，灌木林地覆盖率6.59%，旁树覆盖率0.93%。

（2）加快商品林基地建设步伐。发挥江西的自然资源和区位优势，建设集约化经营的商品林基地。严格控制木竹粗加工项目，加快淘汰生产工艺落后、资源利用率低、环境污染严重的小造纸厂，小松香、湿法纤维板、小型木材加工项目，木材加工企业必须建立与其加工规模相适应的工业原料基地。

(二) 低碳工业

1. 锂电池产业

江西省已勘探出具有丰富的锂矿资源,其中,世界最大锂矿山、全国最大钽矿——宜春钽铌矿,可开采氧化锂储量为110万吨,占全国的31%、世界的12%,居矿石锂矿的世界第一。依托资源优势,江西省积极开发锂电池产业。宜春市、新余市都开辟了锂电产业基地,宜春市经济技术开发区锂电产业园已被国家科技部授予国家锂电新能源高新技术产业化基地,其目的在于大力推进锂电产业的发展,加大锂电池生产的研发,并尽快实现规模化生产,形成"锂矿原料→碳酸锂→锂电池材料→锂电池→锂电汽车"的完整的产业链条。

在锂电池产业的形成发展过程中,形成了一批具有一定实力的重点企业:江特电机股份有限公司研发平台被认定为江西省特种电机工程技术研究中心,宜春市锂电产业公司建成锂云母矿选矿研发中心;江西浩海锂能科技有限公司研发的省重点项目"锂云母制取电池级碳酸锂及副产品综合利用"项目,宜春合纵锂业科技有限公司承担的省科研重点项目"锂云母固氟重构综合提取碳酸锂技术",通过了省科技部门的专家组鉴定,并获"宜春市2011年度科学技术进步奖"特等奖;江西江特锂电池材料有限公司承担的年产1000吨动力锂离子电池富锂锰基正极材料产业化项目被列为2011年省高新产业重大项目;宜春银锂新能源有限责任公司采用变温碳化新工艺自行设计建设的我国首条日产1~1.5吨高纯碳酸锂生产线建成并投运;宜春学院江西省天然药物活性成分研究重点实验室与宜春银锂新能源有限责任公司联合攻关制备的碳酸锂,经国家无机盐产品质量监督检验中心检测,纯度为99.95%,达到高纯级碳酸锂的标准;江西省福斯特新能源有限公司自主研发的"高温锰酸锂离子电池"标准顺利通过专家审查并发布，填补了国内外的空白。这些企业作为江西省锂电池产业发展的开拓者，经济实力强劲、技术含量高、发展前景好，是今后江西省锂电池产业发展的基石，也是未来产业集聚的核心力量。

2. 风力发电设备制造产业

风能与其他能源相比，具有明显的优点：蕴量巨大、可以再生、分布广泛、没有污染。而且，整个地球可以利用的风能为地球上可以利用的水能总量的10倍。风能资源是最具大规模开发利用前景的可再生能源。近年来，风电开发有力带动了相关设备市场的蓬勃发展。在国家政策支持和能源供应紧张的背景下，中国风电设备制造业迅速崛起，已经成为全球风电投资最为活跃的场所。国际风电设备巨头竞相进军中国市场，Gamesa、Vestas等国外风电设备企业纷纷在中国设厂或与我国本土企业合作。经过多年的技术积累，中国风电设备制造业逐步发展壮大，产业链日趋完善。风电机组自主化研发取得丰硕成果，关键零部件市场迅速扩张。

目前，江西省已经引进5家风电设备制造企业，包括新余的力德风力发电（江西）有限责任公司、吉安的江西麦德风能股份有限公司、赣州的江西金力永磁科技有限公司、南昌的东元电机股份有限公司、上饶的沧州明瑞电气设备有限公司。吉安已被授予"江西省风能核能及节能技术基地"称号。今后江西省将倾力打造吉安风电整机制造基地、新余风电设备制造基地和南昌风电设备制造基地三大风电设备制造基地，推进江西省新兴产业的发展。

3. 余热发电设备制造产业

余热发电技术，能够回收量大面广的低温余热废热和可再生能源用以发电，可广泛应用于电力、化工、石油、冶金、矿山、建材、轻工、地热等行业领域。余热发电设备制造产业的不断发展，能够更有效节约煤炭资源，减少二氧化碳排放，实现低碳经济这一发展观，同时也是低碳余热发电技术的新突破，为低碳经济的发展提供了一种新的技术途径和有效手段。根据调查,各行业的余热总资源约占其燃料消耗总量的17%~67%,可回收利用的余热资源约为余热总资源的60%。钢铁行业加热炉高温烟气回收发电技术当年可收回全部成本,热量利用率提高5%~10%。根据《2013~2017年中国余热发电行业市场前瞻与投资战略规划分析报告》分析,随着国家节能减排力度不断加码,余热发电项目的魅力日益显著。预计到2015年,我国余热余压发电要实现新增装机2000万千瓦。

余热发电设备制造产业主要是以江西华电有限公司为代表的螺杆膨胀发电机生产。螺杆膨胀机是一种容积式发动机,工作原理是通过阴阳螺杆槽道中热流体的体积膨胀,推动阴阳螺杆向相反方向旋转,实现将热能转换成机械能的做功过程。该企业是国内唯一的螺杆膨胀机生产企业,技术水平国内首创、国际领先,在国内外率先制定了产品的技术标准体系。该产品的国内市场可投放的容量初步估算约100万台(套)以上,潜在市场销售能力为8000亿元以上。

4. 绿色照明产业

江西的绿色照明产业主要包括两大类:

第一类,半导体照明。国家半导体照明工程研发及产业联盟(CSA)的最新数据显示,2013年,我国半导体照明产业整体规模达到2576亿元,较2012年的1920亿元增长了34%,成为2010年以后国内半导体照明产业发展速度较快的年份。该联盟预计,2014年,国内半导体照明产业将继续保持高速增长,预计增长率达到40%左右。目前江西省半导体照明产业集聚已经初步形成,南昌市集聚了一批上中下游企业,形成了上游(外延材料和芯片制造)、中游(器件封装)、下游(LED路灯、LED背光源、LED显示屏等应用产品)及配套产品(LED支架)的较完整的产业链。吉安市在重点扶持企业做大做强的同时,大力扶持LED产业中小民营企业的发展,专业从事LED产品的生产企业达14家。截至2013年4月新余市绿色照明生产企业有 4 家，分别为江西好英王光电有限公司、江西日升光电照明有限公司、江西盛泰光学有限公司和江西省欧德光电科技有限公司，主要生产产品为 LED 发光器件以及应用产品和低频无极灯。至 2012 年，新余市全市 LED 发光器件以及应用产品产能达 81300 万只，低频无极灯产能达 7.2 万只，主营业务收入分别达 32214 万元和 1500 万元。其他设区市依托工业园区（开发区）正在形成各具特色的 LED 产业园区雏形。

2011 年开始现正在发展的半导体照明产业方向性重大项目有机发光二极管（OLED）照明器件研发项目：引进开发高效率、高稳定性白光 OLED 的结构设计与制造技术；引进开发柔性白光 OLED 的制备技术；引进开发 OLED 照明产品开发技术等。航空助航光源开发生产项目：LED 机场导航灯系列产品属于广泛使用的机场导航类产品，节能环保，是未来机场导航灯具的发展方向。从机场导航灯具的类别、性能、结构及组成分析，采用 LED 作为发光光源的导航灯具的为数不多，LED 航空助航灯具产品在满足机场使用导航要求的条件下具有很强的竞争能力。LED 结合太阳能照明灯具项目：发展太阳能结合的 LED 灯具产业；发展高端产品、扩展产品领域。高亮度四元系 LED 芯片项目：引进乾照光电等龙头企业，发展四元系红、黄光 LED 芯片生产制造。

第二类，节能灯。节能灯产业的发展可为节约能源资源、发展循环经济、保护生态环境提供物质基础和技术保障，作为江西省加快培育和发展的十大战略性新兴产业之一，它的发展面临难得的历史机遇。江西省节能灯产业主要是以武宁、靖安为主。武宁是江西省节能灯产业基地，目前，武宁县节能照明产业规模位列全国第九，毛管产量排全国第五，园区节能灯产业呈现良好的发展态势。靖安的节能灯生产主要是以总投资 1.2 亿元的江西合力照明电器有限公司为代表，年产节能灯 1 亿支，与此同时，靖安县不断加大产业招商力度，形成产业集群。该县引进的由浙江、江苏、台湾等地客商投资兴办的合力、神光、金林等绿色环保节能灯生产企业,年出口各类节能灯5600余万只,全部销往墨西哥、伊朗、印度及俄罗斯等20多个国家,年出口创汇4200万美元,占全国节能灯出口总数的26.3%。

5. 竹制品深加工产业

江西省地处中亚热带湿润季风气候区,是我国竹林的主要分布区,竹林已成为全省四大植被类型之一。全省竹类植物分布达15属128种,分别占全国竹属、种的31%和25.6%。其中,自然分布的竹类14属93种,引种有1属35种。江西省自然分布的散生竹种有毛竹、淡竹、桂竹、水竹等;丛生竹种有黄竹、青皮竹、绿竹、麻竹、孝顺竹等;混生竹种有苦竹等;引进竹种有雷竹、哺鸡竹、撑绿竹等。据统计,全省竹林面积达到98.6万公顷,立竹总株数达到23.21亿株,资源总量居全国第二位,是江西省森林资源中的重要组成部分。

传统的竹加工产业对资源的利用仅有50%左右,根据市场的需求和国际低碳产品市场的发展。江西省铜鼓县部分企业通过技术创新,研发出多种高科技含量的衍生竹产品,全竹电脑竹键盘就是其中之一,同时还有竹鼠标、竹U盘、竹显示器外壳、竹笔记本电脑等。这些产品因其外观高雅、造型独特、绿色环保,深受消费者的喜爱,产品已远销美国、韩国、土耳其等国家和地区。竹制品加工的产品还不止这些,如竹木地板等各类竹制品。以竹代替木头,也是间接地促进了碳减排。

(三)低碳建筑业

在我国,目前建筑能耗约占全社会总能耗的1/3。我国建筑在使用中最大的能耗是采暖和制冷,我国北方采暖城市居住面积只占全国城市居住面积的10%,但建筑能耗却占到40%。而城市里的碳排放,60%来源于建筑二氧化碳排放和建筑维持功能本身上。与气候条件相近的发达国家相比,我国建筑每平方米采暖能耗约是发达国家的3倍。为了迎合了当前可持续发展建筑的需求,低碳建筑应运而生,低碳建筑是在建筑材料与设备制造、施工建造和建筑物使用的整个生命周期内,减少化石能源的使用,提高能效,降低二氧化碳排放量,它是一个新型动态的和发展中的概念,随着技术和社会的进步逐步充实其意义,因此它有着极大的发展空间。

1. 全面制定江西低碳建筑发展政策

近年来,为了逐步减少碳排放,江西省在低碳建筑方面也做出了诸多努力。2010年5月,江西省住房和城乡建设厅发布了《江西省绿色建筑评价标准》;同年11月,江西省发改委联合江西省住建厅、英国驻广州总领事馆在江西省南昌市共同举办"低碳行动——可持续城市规划国际研讨会";2012年10月,在江西饭店召开了关于全省万家企业节能低碳行动(赣北片区)培训交流会;2013年1月,江西省环保厅印发了《江西省节能减排"十二五"专项规划》;2013年10月,江西省住房城乡建设厅联合制定了《江西省发展绿色建筑实施意见》,上述一系列的政策会议为江西省低碳建筑的发展奠定了坚实的基础。

(1)《江西省绿色建筑评价标准》的规范。2010年5月,江西省住房和城乡建设厅发布了《江西省绿色建筑评价标准》(以下简称《标准》),是为规范江西省绿色建筑的评价,推进江西省绿色建筑的发展,在总结近年来江西省绿色建筑方面的实践经验和研究成果,借鉴国际及国家的先进经验的基础上制定的一部适合江西省的绿色建筑综合评价标准。该《标准》的发布在一定程度上较好地规范了江西省低碳建筑的发展,明确规定了公共建筑以及住宅建筑在节地与室外环境、节能与能源利用、节水与水资源利用、室内环境质量、运营管理等方面对划分绿色建筑等级的评判,从评分等级中,可以一目了然地看出该建筑的达标程度,通过绿色建筑的评价标准,不断过渡引用到低碳建筑行业,从而使江西省低碳建筑的发展与绿色建筑的发展相辅相成，最终共同实现跨越式发展。

（2）《江西省节能减排"十二五"专项规划》的带动。2013年1月，江西省环保厅印发了《江西省节能减排"十二五"专项规划》（以下简称《规划》），该规划主要是要求抓好新建建筑节能监管，提高新建建筑能效水平。《规划》指出，到2015年，全面执行新颁布的节能设计标准，执行比例达到95%以上，城镇新建建筑能源利用效率比2010年提高30%以上。大力发展绿色建筑，到2015年城镇新建建筑10%以上达到绿色建筑标准。积极促进新型材料推广应用，大力推进新型墙体材料革新，开发推广新型节能墙体和屋面体系。新型墙体材料产量占墙体材料总量的比例达到65%以上，建筑应用比例达到75%以上。加快可再生能源建筑领域规模化应用，开展可再生能源建筑应用集中连片推广。推进农村建筑节能，推动建筑工业化和住宅产业化。开展大型公共建筑节能监管和高耗能建筑节能改造。建立健全大型公共建筑节能监管体系，宾馆、商厦、写字楼、机场、车站等要严格执行夏季、冬季空调温度设置标准，"十二五"期间，公共建筑节能改造200万平方米，既有居住建筑节能改造100万平方米以上，公共建筑单位面积能耗下降10%。该《规划》的出台，使得江西省低碳建筑有了一定的参考标准，同时，从建筑的节能、建材等方面明确规定了相应的比例，不断带领着江西省低碳建筑朝着更高更好的方向迈进。

（3）《江西省发展绿色建筑实施意见》的推动。2013年10月，为贯彻落实《国务院办公厅关于转发发改委、住房城乡建设部绿色建筑行动方案的通知》（国办发〔2013〕1号），加快江西省绿色建筑发展，拉动投资和消费，形成新的经济增长点，实现产业升级和结构优化，促进"发展升级、小康提速、绿色崛起、实干兴赣"，按照省政府要求，江西省发改委、江西省住房城乡建设厅联合制定了《江西省发展绿色建筑实施意见》（以下简称《意见》），确定到2015年，全省力争建立完善的绿色建筑建设及评价体系、技术标准体系和咨询服务体系，基本形成完备的绿色建筑发展推广机制；新增2个国家级绿色生态城区；全省绿色建筑标识项目超过100项；绿色建筑面积占新建建筑面积的20%以上的总体目标。该《意见》的下发，极大地促进了江西省低碳建筑的发展，加快了低碳建筑发展的步伐。

2. 积极探索江西低碳建筑发展方式

（1）万家企业节能低碳行动。2011年，国家发改委等部门印发了《关于万家企业节能低碳行动实施方案的通知》，该节能低碳行动的目的主要是为了贯彻落实"十二五"规划纲要，推动重点用能单位加强节能工作，强化节能管理，提高能源利用效率。万家企业节能低碳行动以企业为主体，政府相关部门通过指导、扶持、激励、监管等措施，组织实施。该低碳节能行动要求企业每年提交相应的能源审计报告，同时要求对于企业中的高耗能环节提出节能减排措施，有效地提高了企业对于节能减排的重视程度。

为贯彻落实该方案，推动万家企业正确理解和掌握国家和江西省各项节能政策措施，确保万家企业节能低碳行动取得实效，江西省节能中心分别在南昌、赣州和宜春三大片区组织召开了万家企业节能低碳行动培训交流会。会议内容主要包括解读节能低碳行动实施方案以及节能低碳行动相关节能政策的措施。该会议的召开对于低碳建筑的发展起到了很好的宣传和号召作用。同时，在重点节能工程的培训中讲到建筑节能问题并提出大型公共建筑节能监管滞后以及民用建筑节能工作还尚未全面启动等问题，最后，大会提出了要综合运用经济、法律、技术和必要的行政手段，强化责任考核，落实奖惩机制，切实加强节能减排管理，推广先进节能技术，不断提高能源利用效率等措施。该低碳节能行动在江西省的推行，有效地带动了江西省低碳建筑的发展。

（2）江西首个低碳节能建筑。当代节能置业以开发舒适而节能的房地产产品为战略定位,致力于打造可持续发展的高舒适度、低能耗的先进科技住宅。2010年7月27日,满庭春MOMA在青山湖东岸举行南昌满庭春MOMA启动暨奠基典礼,标志着江西省首个绿色低碳节能楼盘正式诞生。该项目综合了国内顶级的优秀设计团队,倾力打造,秉承"科技建筑美好生活"的开发理念,实现科技与建筑有机结合,打造南昌首个以科技节能、健康舒适、创新居住文化为特色的新型社区环境。

(四) 低碳服务业

1. 低碳旅游业

江西省旅游资源丰富,在顺应全球低碳旅游发展的进程中已拔得头筹。2009年11月,江西省政府在首届世界低碳与生态经济大会暨技术博览会上,率先发布了我国第一份低碳经济白皮书《绿色崛起之路——江西省低碳经济社会发展纲要》,这一纲要的发布标志着以低碳为特征的旅游业必将成为江西旅游发展的新趋势。江西省在发展低碳旅游方面有着极其重要的资源优势,"物华天宝、人杰地灵"。根据《江西旅游产业发展"十二五"规划》,江西省有世界遗产4处,世界地质公园2处,国际重要湿地1处,国家5A级旅游景区2个、4A级旅游景区40个,国家级自然保护区8处,国家级风景名胜区12处,国家自然遗产3处,国家自然与文化双遗产3处,国家级森林公园43处,国家地质公园、矿山公园5处,全国水利风景区14处,国家湿地公园10处等,江西森林覆盖率63%,生态效益价值达8233亿元,是低碳旅游得以发展的基础。

江西省目前有部分地区开始推动低碳旅游的发展,而且有部分旅游地区已经取得了初步的成效。婺源通过"政策引导、市场运作、集团开发、品牌打造"等手段,围绕"中国最美乡村"品牌,大力发展生态环境保护建设、文化挖掘保护,以良好的生态环境作为低碳旅游发展的基础,以保护生态环境作为低碳旅游的核心内容,大力发展低碳旅游业。井冈山充分发挥政府、旅游企业和旅游者的主体作用,在景区规划管理、开发建设的过程中始终坚持环保、低碳理念,利用井冈山农业和生态等优势,积极开发和推广山水生态游、踏青赏花游、农家乐采摘游、乡村民俗游、徒步健身游等低碳旅游方式,让旅客回归自然、体验自然、减少污染。同时井冈山还积极引导旅游者将低碳理念贯穿在"吃、住、行、游、购、娱"各个环节中。上犹县树立绿色、生态、低碳发展理念,加快转变经济发展方式,主动策应鄱阳湖生态经济区建设,以上犹江"一江两岸"为轴线,罗边湖、仙人湖、南河湖、陡水湖为核心区域,全面建设"四湖两岸"生态经济区。上犹依托丰富的生态旅游资源,推进节能环保、倡导低碳旅游方式,吸引游客体验低碳旅游。

2. 文化创意产业

文化创意产业带有明显的低碳产业性质,耗能少、经济效益高。江西省文化创意产业主要集中在鄱阳湖生态经济区。以南昌为例,南昌的文化创意产业主要有南昌动漫产业园、江西慧谷创意产业园、南昌宝葫芦农庄、八大山人文化产业园,同时也包括其他的一些新兴的文化创意产业。江西省正在着力发展文化创意产业,包括:

(1) 建设资源型优势文化产业群。在历史人文资源、民间艺术资源、工艺人才资源、地方物产资源丰富的地方,打造江西省文化资源优势产业群;在一些艺术之乡、文化景观市县,构建"鄱阳湖文化长廊";以各市县历史文化为背景,新建一批全国性文化博览园。其中以万年稻作文化遗产为依托,在万年县建设中国稻作文化博览园;以正一教、净明教发祥地等为依托,在鹰潭市龙虎山建立中国道教文化博览园;以各地民间艺术、传统手工技艺为依托,建设一批非物质文化遗产展示中心和传习所,对这些特有文化资源进行综合开发,打造出特色文化产业;在鄱阳湖生态经济区内打造江西印刷复制业特色产业群。

（2）建设品牌型强势文化产业群。利用鄱阳湖区域一批国家4A级景区等品牌型文化景观和中国名产品牌，大力发展品牌型强势文化产业群；利用江西省的中国传统工艺"三绝"之一的景德镇瓷器，中国传统名砚之一的龙尾砚，"华夏笔都"进贤县文港镇的毛笔，铅山连史纸、婺源徽墨等，整合成为产业集群，建立中国"文房四宝"产业基地；对具有区域性传统历史声名的进贤李渡酒、樟树四特酒、九江封缸酒等，在非物质文化遗产的保护中塑造名酒文化产业品牌；对樟树"药都"以及浮梁、婺源、庐山等地的茶文化产业，进行整合开发，大力发展品牌型强势文化产业群。

（3）建设休闲娱乐型文化产业群。在鄱阳湖生态经济区的建设过程中，选择若干湖景佳美之地，建立大型国际休闲娱乐文化产业，包括鄱阳湖水上休闲、康体文化、综合性娱乐服务和传统文化会馆等，并结合休闲娱乐文化，发展各类水上比赛、车赛等体育文化，形成鄱阳湖休闲娱乐型文化产业群，将其逐渐发展成为闻名于国内外的休闲度假性区域。

在建立鄱阳湖生态经济区"三大文化产业群"的同时，继续强化继承、创新、引进、开发，按照龙头带动、优势互补、突出重点、组团式发展和依托交通干线点线面结合的原则，突出中心城市和特色文化旅游资源，通过优化配置，整合资源，实施产业集群推进，形成以南昌为中心，其他各区域中心城市为重点，国家级风景名胜区、特色民族文化旅游区、重大历史及自然文化遗址为支撑的区域文化产业布局。

3. 软件信息产业

江西省的软件信息产业主要是指软件服务外包方向，以南昌金庐软件园、浙大科技园、慧谷创意产业园、南大科技园四园为主。江西省正集中力量开发具有国际竞争力的高质量文化电子信息产品，打造数字技术文化产业基地。加快影视动画产业基地、影视制作基地、网络视听产业基地等产业园区和基地建设。发展高科技含量、高附加值的新兴文化产业门类，集中力量支持和突破高科技重点产业和重大项目。稳妥推进"三网融合"，加快新媒体新业态发展。充分利用广电媒体的资源优势，通过全方位的整合、联合，吸纳社会各方力量和资本，着力发展手机电视、公共视听载体等新兴媒体业务，稳步推进IP电视业务，加快建设高清电视、数字声音广播、下一代广播电视网络。具体来说，重点打造如下几个基地或产业园：

（1）泰豪集团江西动漫产业基地。扶持泰豪集团在南昌国家高新技术开发区建设江西动漫产业基地，打造"五个平台一个主题公园"、高度国际化、集"产、学、研"为一体的动漫产业链。

（2）江西慧谷创意产业园。项目由南昌市政府组织实施。红谷滩慧谷创意产业园项目规划为创意研发、创意设计、生活配套及服务配套四个功能区，并将建设成为以创意产业为特色，集软件与服务外包、文化、培训、研发、动漫、设计、展示于一体的创新型国际化产业园区。

（3）江西电视台数字电视节目制作中心。项目由江西省广播电影电视局负责实施。建设成江西省数字广播影视节目制作基地及网络电视、手机电视等新媒体发展平台。通过积极培育和发展产业链条，完善配套服务，构建影视产业集聚区，形成规模经济。

六、江西省发展低碳经济的制约因素分析

继十七大之后，中共十八大把生态文明建设放在十分突出的位置，形成了经济建设、政治建设、文化建设、社会建设、生态文明建设五

位一体的中国特色社会主义事业总布局。十八届三中全会审议通过的《中共中央关于全面深化改革若干重大问题的决定》首次提出"用制度保护生态环境",指出要紧紧围绕建设美丽中国深化生态文明体制改革,加快建立生态文明制度,健全国土空间开发、资源节约利用、生态环境保护的体制机制,推动形成人与自然和谐发展的现代化建设新格局。近年来,国家出台了一系列节能减排的优惠政策,在政策扶持、税收减免等方面的政策,积极鼓励和推进节能减排和低碳经济的发展。如《消费税暂行条例》规定对汽油、柴油分别按 0.2 元/升、0.1 元/升征收消费税,对小汽车按排气量大小实行差别税率,进一步体现"大排气量多赋税、小排气量少赋税"的征税原则,促进节能汽车的生产和消费。2009 年 1 月 1 日,燃油税开征,在价内征收的汽油消费税单位税额每升提高 0.8 元,柴油消费税单位税额每升提高 0.7 元,这一政策也实质性地推动了低碳经济在交通领域的发展。国家和省政府还通过财政补贴、税收减免等优惠政策,鼓励企业推进节能环保项目。国家越来越重视生态发展的趋势给江西省加快低碳经济建设营造了良好的宏观环境。

同时,国家统计局网站 2013 年 11 月 18 日发布消息称,已制定了修订中国国民经济核算体系的初步计划和框架,最终文本将在 2014 年底或 2015 年初公布。新的核算体系更符合国际惯例,在研发支出、住房服务、央行产出和劳动报酬、财产性收入方面做出统计变革。目前,我国发达地区正在探索地方政府考核体系改革。广东正在试行分功能区选官和考核官员政绩,告别唯 GDP 提拔。历经 5 年的酝酿,2013 年 11 月初正式出炉的《广东省主体功能区规划》(以下简称《规划》),将广东全省 17.98 万平方公里的陆地面积,划分为"优化开发、重点开发、生态发展和禁止开发"4 类区域,并对不同区域实施不同的区域政策和绩效评价体系。这意味着在广东生态发展区域及禁止开发区域若环境保护不力,或未实现污染物"零排放",将影响到官员的

"乌纱帽"。这些有益的考核体系探索，为江西省改革考核体系提供了良好借鉴，为低碳经济发展提供了良好的制度环境，增强了地方发展低碳经济的动力和干劲。2008 年江西省政府成立了应对气候变化工作领导小组，研究解决本省应对气候变化的重大问题，制定本省应对气候变化工作的相关政策措施。领导小组办公室设在省发改委，组织实施江西省减缓和适应气候变化的各项工作。省发改委设立了应对气候变化处，明确了工作职责，组建了省应对气候变化专家库；2007 年成立了江西省清洁发展机制技术服务中心；2009 年成立了江西省气候变化监测评估中心；2010 年成立了江西省气候变化专家委员会。形成了由省应对气候变化工作领导小组统一领导，省发改委归口管理，各有关部门分工负责，各地、各行业广泛参与的全省应对气候变化工作机制。

（一）后金融危机的影响

席卷全球的世界性金融危机还在继续，全球经济衰退对我国这种出口导向型经济体造成了较大的负面冲击，人民币升值压力不断增大，拉动我国经济增长的"三驾马车"之一的出口很难继续支持我国经济的快速增长。面对国际社会要求我国履行节能减排义务和人民币汇率上升的双重压力，我国在发展低碳经济的同时，也陷入了贸易环境恶化的境地，很难改变发展低碳技术引致成本增加的困难局面。江西对外出口企业势必受到影响，经济萧条将在一定程度上打击企业进行低碳经济改造的积极性。

（二）相关政策法规不够完善

积极实施可持续发展战略，不断完善应对气候变化相关的政策法规。在生态保护和建设方面，出台了《江西省生态公益林管理办法》、《江西省鄱阳湖湿地保护条例》、《江西省森林条例》等。在促进资源能源合理利用方面，出台了《江西省资源综合利用条例》、《关于全面落实科学发展观加强资源节约的若干意见》、《江西省实施〈中华人民共和国节约能源法〉办法》等。在应对气候变化工作管理方面，出台了《江西省政府办公厅关于加强应对气候变化归口管理的通知》、《江西省应对气候变化领域对外合作管理实施细则》等。上述政策法规的制定和发布，为增强江西省应对气候变化能力提供了有力保障。

（三）低碳技术水平亟待提高

低碳技术是提升低碳经济竞争力的支撑，主要分为三种类型：一是应用在高能耗、高排放领域的节能减排技术，主要指煤炭的清洁高效利用和煤层气的勘探开发；二是无碳技术，主要指太阳能、核能、生物质能等可再生能源的研发和利用技术；三是去碳技术，重点指碳捕获与埋存技术。我国的低碳技术研发尚处于起步阶段，在许多低碳技术领域还存在空白，江西省各市由于科研经费投入和科研队伍能力的限制，在短时期内很难有新的低碳技术突破。因此，在继续加大科研经费投入的基础上，联合科研院校重视对科研人才的培养。可在全省推广已转化为生产力的低碳技术，如借鉴南昌市和景德镇市新能源汽车的成功经验，逐步扩大新能源汽车的使用比例。在建筑业充分利用低碳环保的建筑材料，如隔热保温的建筑材料和节能型取暖和制冷系统。企业是进行低碳技术研究与创新的主体，鼓励企业科研人员根据企业实情进行节能技术的研发。低碳技术与生产力之间有一个转化过程，鼓励低碳服务公司在企业推广先进成熟可用的低碳技术及产品，提高低碳技术成果的转化推广率。在进行自主研发新一代生物燃料技术、二氧化碳捕获与埋存技术的同时，可选择性地引进国外先进的清洁煤技术和新能源技术，将引进、消化和吸收利用相结合，将低碳技术贯穿交通、建筑、化工等各个领域，让低碳技术真正地成为提升低碳经济竞争力的技术支撑。

（四）体制机制有待健全

低碳经济是一种新型的经济发展模式，发展低碳经济必须建立与其相适应的节能激励机制，使得企业从政策中获得足够的信心，才会有充足的动力主动淘汰落后产能。发达国家在建设低碳城市方面已经先行一步，将发展低碳经济的核心技术与标准及低碳市场紧紧地把握在自己手中。如伦敦、东京、纽约等世界级城市先后提出低碳城市建设目标并制定相关规划或行动计划，伦敦提出通过能源与低碳技术应用，发展热电冷联供系统，用小型可再生能源装置代替部分由国家电网供应的电力，改善现有和新建建筑的能源效益，引进碳价格制度，向进入市中心的车辆征收费用，提高全民的低碳意识等措施来建设低碳城市。而我国目前建设低碳城市还处在"摸着石头过河"阶段，低碳经济发展政策还不完善，我国还没有统一的低碳行业标准出台，致使许多企业在节能改造中具有较大的盲目性和随机性，降低了企业发展低碳经济的主动性和积极性。而政策的不确定和缺乏行业标准是江西省发展低碳型城市的一大挑战。虽然，江西省政府十分重视节能减排制度的建立，同时在促进节能降耗的工作上力度不断加大，但政策效应尚未完全显现，大部分节能降耗的制度措施还体现在行政命令层面，缺乏有效的法律保障。况且江西省尚未形成良好的低碳经济体制，机制、相关规章制度还不够健全，控制手段比较缺乏，不利于低碳经济的实质推进。

第四章 江西省低碳经济发展水平综合评价

一、江西省低碳经济指标体系构建

近年来,国内外对低碳经济的关注持续升温。在评价指标体系构建方面,许多学者也进行了初步探索。马军等(2010)从经济发展、科技发展、社会支撑等方面入手,运用德尔菲法和线性加权法对我国东部沿海6省市进行了低碳评价分析。白雪勤、孙文生(2012)从经济、技术、环境等方面选取了17个指标,应用因子分析法对河北省11个市进行了低碳发展分析。类似的研究还有任福兵等(2010)构建8个准则层,李晓燕、邓玲(2010)构建4个准则层进行的相关研究分析等。

(一)构建思路

通过借鉴国内外低碳经济发展评价体系的构建方法,立足江西省经济发展不足和生态基础良好的基本判断,江西低碳经济发展指标体系应是涵盖产业经济、能源资源、技术水平、环境质量于一体的综合评价体系。本书采用主成分分析法,构建包括目标层、准则层和指标层三个层次的结构化评价体系,力争客观准确评价江西低碳经济发展水平。

第一层:目标层,江西省低碳经济发展水平总体指标。

第二层:准则层,由产业经济、能源资源、技术水平、环境质量四大子系统构成。

第三层:指标层,在上述四大子系统下设立 n 个评价目标,最终构成低碳经济评价指标体系(见图 4-1)。

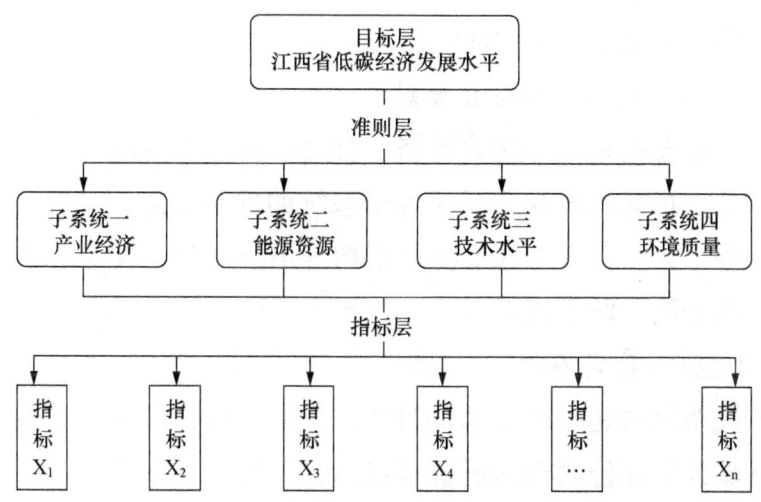

图 4-1 江西省低碳经济评价指标体系构架图

(二)构建原则

低碳经济评价指标体系力争客观评价与反映地区低碳经济发展水平,不仅要遵循构建指标体系的一般原则,还要根据影响低碳经济发展水平的主要因素来确定,综合应遵循以下原则:

1. 全面性与代表性相结合原则

低碳经济发展指标体系的覆盖面较广,要求能够全面地反映被评价系统的真实状态,但是一套指标体系不可能涵盖所有指标,所以必须集中反映当前我国社会经济发展中迫切需要解决的高碳排放、高能耗等主要问题。因此,选取指标时选择那些有代表性、典型性和信息量大的指标。

2. 科学性与可操作性相结合原则

低碳经济发展评价指标的选取应建立在充分认识、系统研究的基础上,符合低碳经济发展的客观规律和要求,能够概括低碳经济发展的基本特征,并能准确度量低碳经济主要发展目标的实现程度,指标体系的内容清晰明了、可比性强,相关数据容易获取。

3. 系统性与层次性相结合原则

低碳经济发展是一个包含经济、社会、资源及环境等子系统在内的复杂系统。指标体系既要反映各子系统的发展状态,又要避免指标间的重叠性。为此,应根据系统的结构分出层次性,使指标体系结构清晰,层次分明,便于使用。

4. 动态性与稳定性相结合原则

低碳经济发展是一个动态的过程,随着社会、经济和科技的发展变化,低碳经济评价的指标设置和指标权重均具有动态性。同时,在一定时期内评价指标体系的内容不宜频繁变动,应保持相对稳定性。因此,指标体系应是动态和静态的统一,兼顾静态指标和动态指标的平衡,既能够反映出低碳经济发展的现状,又能够刻画其动态变化。

(三) 框架设计

1. 方法简介

主成分分析又称主分量分析,最早是由美国学者霍特林于1933年提出来的。该方法是利用降维的思想,将实测的多个指标通过线性变换，转化成少数几个相互独立的新变量，从相互独立的新变量中选取能够反映所研究问题绝大部分信息的若干分量（选取方差累计概率≥85%）为主成分。其在消除指标之间的信息重叠，切断相关干扰的同时，大大减少了评价过程中的计算工作量。主成分分析是通过实际调查数据进行评价，具有客观性和实际性，是对实际问题进行定量分析的评价方法，低碳经济发展水平的评价是涉及多个评价指标的复杂问题，应用主成分分析法对问题进行降维简化，可以达到客观评价的效果，并可指导低碳经济发展的工作重点。主成分分析的主要步骤如下：

第一步：数据的预处理。表征不同性质特征的数据具有不同的性质和量纲，要使不同性质和量纲的指标数据具有可比性，必须对其进行适当变换，做同向化及无量纲化的处理。指标的同向化处理是指将逆向指标转化为正向指标，使指标具有同向可比性。在对指标进行无量纲化处理时，本书选用不会改变指标间相关关系的均值化处理，以便充分利用原始数据中所包含的信息。

同向化处理：正指标不变，逆指标取其倒数，即：

$X_{ij}' = 1/X_{ij}$

均值化处理：

$ZX_{ij} = X_{ij}'/\bar{X}_j'$

式中：X_{ij}' 指同向化处理后的数据；$\bar{X}_j'$ 为样本的均值 $\bar{X}_j' = \frac{1}{n}\sum X_{ij}'$；i = (1, 2, ⋯, n)，j = (1, 2, ⋯, m)。

第二步：计算相关系数矩阵 R。根据预处理后的指标求各指标变量的相关系数 r_{ij}，得出相关系数矩阵 $R_{ij} = (r_{ij})_{m \times m}$。

$$R = \begin{bmatrix} r_{11} & r_{12} & \cdots & r_{1m} \\ r_{21} & r_{22} & \cdots & r_{2m} \\ \vdots & \vdots & \ddots & \vdots \\ r_{m1} & r_{m2} & \cdots & r_{mm} \end{bmatrix}$$

式中：r_{ij}（$i,j=1,2,\cdots,m$）为原始变量 X_i 和 X_j 的相关系数，$X_{ij}=X_{ji}$。

第三步：计算相关系数矩阵 R 的特征值，并确定主成分个数 m'。相关系数矩阵 R 的特征值 λ_j（$j=1,2,\cdots$）具有依次递减的特征，即 $\lambda_1>\lambda_2>\cdots>\lambda_m$。根据前几个特征值的累计方差贡献率超过85%的原则，确定主成分个数 m'（$m'<m$），m' 即为新指标个数。

第四步：计算主成分得分 F_{it}（$i=1,2,\cdots,n;\ t=1,2,\cdots,m'$）。根据因子得分系数和原始变量的预处理值计算每个观测量的各主成分得分值。

2. 指标选取及解释

表4-1汇总了江西省低碳经济评价指标体系中目标层、准则层和指标层的具体内容，其中指标层主要从产业经济、能源资源、技术水平和环境质量等四个子系统（准则层）共选取了19个具体指标。

（1）子系统一：产业经济指标。经济指标中包括总量、人均、结构指标。GDP增长率可以从总量规模扩张方面反映地方经济发展水平，是低碳经济发展基础和支撑。人均GDP可以直接反映经济发展质量。第一、第二、第三产业的产值占GDP比重，可以从产业结构对低碳经济发展的相关性中，探究和比较不同产业结构对低碳经济发展的影响程度以及不同产业对经济发展水平的贡献，寻找更利于低碳经济发展的产业结构，力争从经济结构的角度寻找利于低碳经济发展的途径。

（2）子系统二：能源资源指标。能源指标包含能源结构和能源强度两部分指标。能源结构是指在能源消费中各种能源消费量所占的比重。由于各种能源的碳排放系数不同，能源结构的组成可以直接影响到碳排放量的多少，从而可以考虑改变能源结构来降低碳排放量。由于煤的碳排放系数最高，煤的比重越高碳排放越多，因此为逆指标。油气的碳排放系数较低，低于平均值，因此为正指标。能源强度指单位GDP的能源消耗，是衡量经济、资源、环境之间关系的重要指标，

表4-1 江西省低碳经济评价指标体系

目标层	准则层	指标层		
		指标符号	指标名称	指标类别
江西省低碳经济发展水平	产业经济	X_1	GDP增长率（%）	正指标
		X_2	第一产业产值占GDP比重（%）	负指标
		X_3	第二产业产值占GDP比重（%）	负指标
		X_4	第三产业产值占GDP比重（%）	正指标
		X_5	人均GDP（亿元）	正指标
	能源资源	X_6	单位GDP能耗（吨标准煤/万元）	负指标
		X_7	煤占能源消费总量比重（%）	负指标
		X_8	油占能源消费总量比重（%）	正指标
		X_9	气占能源消费总量比重（%）	正指标
	技术水平	X_{10}	高新技术产业增加值占规模以上工业产值比重（%）	正指标
		X_{11}	研究与开发（R&D）费用占GDP的比重（%）	正指标
		X_{12}	研究与开发（R&D）人员数（人）	正指标
		X_{13}	每万人专利授予量（项）	正指标
	环境质量	X_{14}	万元产值固体废物排放量（吨）	负指标
		X_{15}	万元产值废水排放量（吨）	负指标
		X_{16}	万元产值废气排放量（万立方米）	负指标
		X_{17}	工业固体废物综合利用率（%）	正指标
		X_{18}	工业废水排放达标率（%）	正指标
		X_{19}	工业"三废"综合利用产品产值（万元）	正指标

可以反映能源消耗与经济发展水平关系的综合指标，可以从能源角度衡量一个地区的低碳经济发展水平，能源强度越大，说明单位产值的能源消耗越大，故为逆指标。

（3）子系统三：技术水平指标。技术进步因素对低碳经济的影响至关重要。技术进步能够从不同角度推动低碳化的进程，R&D经费投资强度是指国家或地区的科技研发投入在GDP中所占比重，反映了科技水平的高低，R&D 经费投入强度大说明地区重视科技发展，有利于低碳产业的技术创新，为正指标。

（4）子系统四：环境质量指标。环境质量改善是衡量低碳经济发展水平的重要指标。废弃物碳排放强度和工业"三废"处理指数可以作为衡量低碳环境的两个重要指标，前者反映了废弃物总的产生量与废弃物处置所产生的碳排放之间的关系，后者表征工业污染物的治理水平，该指标可采用加权平均值计算"三废"处理指数。

二、江西省低碳经济发展水平评价分析

（一）数据收集及整理

为了保障数据的科学、准确，本书采用的基础指标的数据主要来源于江西省统计局公开发布的统计数据，部分指标在统计数据基础上通过计算得到，具体如表 4-2 所示。

（二）子系统评价分析

在进行主成分分析时，运用 SPSS 软件计算主成分方差贡献率，确定主成分的个数，得出各子系统综合得分，进而对各个子系统进行具体分析。

1. 子系统一：产业经济评价分析

从表 4-3 中得出，产业经济子系统中共有 2 个主成分特征值大于 1，且累计贡献率达到 85.554%，涵盖了该子系统的大部分信息，满足解释需要。为此，产业经济子系统选择 2 个主成分，并计算其得分系数。

第四章 江西省低碳经济发展水平综合评价

表4-2 江西省低碳经济评价指标原始数据（2003~2012年）

序号	指标名称	2003年	2004年	2005年	2006年	2007年	2008年	2009年	2010年	2011年	2012年
X_1	GDP增长率（%）	13	13.2	12.8	12.3	13.2	13.2	13.1	14	12.5	11
X_2	第一产业产值占GDP比重（%）	19.9	19.2	17.9	16.3	14.6	15.2	14.4	12.8	11.9	11.7
X_3	第二产业产值占GDP比重（%）	42.9	45.3	47.3	50.2	51.3	51	51.2	54.2	54.6	53.8
X_4	第三产业产值占GDP比重（%）	37.2	35.5	34.8	33.5	33.1	33.8	34.4	33	33.5	34.5
X_5	人均GDP增长率（%）	12.1	12.4	12.1	11.6	12.5	12.4	12.3	13.2	11.8	12.3
X_6	单位GDP能耗（吨标准煤/万元）	1.22	1.1	1.06	0.97	0.87	0.77	0.76	0.66	0.59	0.35
X_7	煤占能源消费总量比重（%）	74.5	72.6	74	73.8	74.9	71.7	72	71.9	74.3	73.5
X_8	油占能源消费总量比重（%）	22.2	16.9	17	16.9	16.9	16.7	16	16.6	15.4	16.8
X_9	气占能源消费总量比重（%）	—	—	—	0.2	0.3	0.6	0.5	1	1.2	1.6
X_{10}	高新技术产业增加值占规模以上工业增加值比重（%）	16.1	17.95	18.78	19.56	21.1	22.05	22.83	23.85	24.87	26.6
X_{11}	研究与开发（R&D）费用占GDP的比重（%）	0.76	0.8	0.85	0.9	0.94	0.9	0.94	0.92	0.91	0.98
X_{12}	研究与开发（R&D）人员数（人）	14210	17360	22530	28769	34210	39874	45214	51200	56919	63521
X_{13}	每万人专利授予量（项）	0.89	1.24	1.45	1.65	1.8	1.91	2.1	2.37	2.85	3.01
X_{14}	万元产值固体废物排放量（吨）	2.2	1.89	1.73	1.53	1.34	1.17	1.16	1	0.97	0.87
X_{15}	万元产值废水排放量（吨）	14.83	14.09	12.26	12.39	11.12	9.85	8.24	7.67	6.08	5.1
X_{16}	万元产值废气排放量（万立方米）	1.14	1.15	1.08	1.06	1.03	1.07	1.08	1.04	1.38	1.16
X_{17}	工业固体废物综合利用率（%）	22.13	25.3	27.1	35.63	36.36	39.63	41.61	46.54	55.27	59.3
X_{18}	工业废水重复利用率（%）	45.92	44.61	61.25	64.17	74.47	74.75	74.36	76.83	76.95	84.5
X_{19}	工业"三废"综合利用产品产值（万元）	100654	146192	178811	252892	324863	390935	470276	563250	670523	812540

资料来源：历年《江西省统计年鉴》、统计月报，部分来源于网络资料和统计数据计算。

表4-3 子系统——产业经济主成分解释的总方差

成分	特征值	贡献率（%）	累积贡献率（%）
1	2.681	53.630	53.630
2	1.596	31.925	85.554
3	0.555	11.103	96.657
4	0.158	3.158	99.815
5	0.009	0.185	100.000

由表4-4可以看出，第一主成分大部分变量的得分系数的绝对值都在0.2以上，其中第一、第二、第三产业产值占GDP的比重（X_2、X_3、X_4）的得分系数绝对值都超过0.2以上且大于其他指标得分系数，反映了产业结构对低碳经济发展的重要影响，属于结构因子。第二主成分中GDP增长率（X_1）、人均GDP增长率（X_5）这两个指标得分系数远远大于其他各个指标的系数，说明第二主成分主要体现出江西经济总量规模和人均规模的重要地位，属于总量因子。

表4-4 子系统——产业经济主成分得分系数

	X_1	X_2	X_3	X_4	X_5
1	0.079	-0.893	0.992	0.885	-0.330
2	0.931	-0.267	0.042	-0.100	0.804

通过主成分得分系数和方差贡献率，计算各主成分得分和产业经济子系统的综合评分（见图4-2）。

从图4-2可以看出，主成分1（结构因子）出现连续下滑的状态，说明江西省近十年的产业结构调整力度和效果明显不足。主成分2（总量因子）出现剧烈波动情况，说明江西省经济总量发展不均衡，增长动力不稳定。产业经济子系统综合得分总体上表现出波动甚至缓慢下滑的状况，预示江西省发展不足、总量不大、结构不优的历史矛盾没有得到有效根本改善，做大总量规模、做优产业结构仍是今后发展的重中之重。

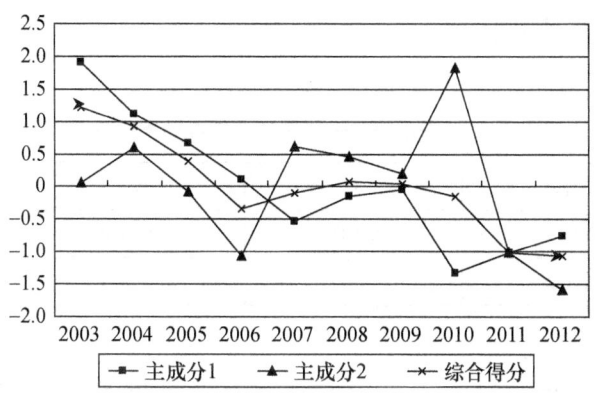

图 4-2　子系统——产业经济主成分及综合得分

2. 子系统二：能源资源评价分析

从表 4-5 中得出，能源资源子系统中共有 2 个主成分特征值大于 1，且累计贡献率达到 84.394%，基本涵盖了该子系统的大部分信息。为此，能源资源子系统选择 2 个主成分，并计算其得分系数。

表 4-5　子系统——能源资源主成分解释的总方差

成分	特征值	贡献率（%）	累积贡献率（%）
1	1.971	49.286	49.286
2	1.404	35.108	84.394
3	0.575	14.370	98.763
4	0.049	1.237	100.000

由表 4-6 可以看出，第一主成分中单位 GDP 能耗（X_6）、气占能源消费总量比重（X_9）这两个指标的得分系数的绝对值远高于其他指标，可以解释为非化石能源在总能源使用中的占比情况，属于清洁能

源占总能耗比重因子。第二主成分中煤占能源消费总量比重（X_7）、油占能源消费总量比重（X_8）这2个指标的得分系数的绝对值远高于其他指标，可以解释为化石能源在总能源使用中的占比情况，属于传统能源占总能耗比重因子。

表4-6 子系统——能源资源主成分得分系数

	X_6	X_7	X_8	X_9
1	0.945	0.041	-0.319	0.987
2	0.232	0.847	0.795	0.010

根据以上结果，计算出各主成分得分和能源资源子系统的综合得分（见图4-3）。

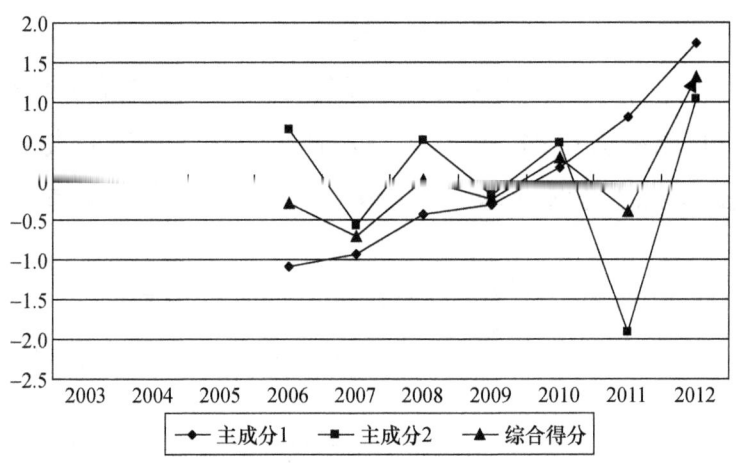

图4-3 子系统——能源资源主成分及综合得分

从图4-3可以看出，主成分1（清洁能源占能源消耗总量的比重因子）呈现连续上升的趋势，说明江西省在近十年来不断提高非化石能源使用比重，大力推进天然气使用，风能、太阳能等清洁能源正在逐步推进。主成分2（化石能源占能源消耗总量的比重）一直处于波动中，特别是在近两年经济出现增长放缓之后，出现抬头现象，但仍需要保持警惕，进一步优化能源结构。能源资源子系统综合得分总体呈现稳步上升趋势，说明全省能源使用结构正趋于优化，需要警惕因经济放缓出现传统能源大量使用以节省成本的情况。

3. 子系统三：技术水平评价分析

从表4-7中得出，技术水平子系统中共有1个主成分特征值大于1，且累计贡献率达到94.215%，涵盖了该子系统的大部分信息。为此，技术水平子系统选择1个主成分，并计算其得分系数。

表4-7 子系统——技术水平主成分解释的总方差

成分	特征值	贡献率（%）	累积贡献率（%）
1	3.769	94.215	94.215
2	0.213	5.318	99.533
3	0.014	0.351	99.885
4	0.005	0.115	100.000

由表4-8可以看出，第一主成分中所有指标的得分系数均超过0.2且都接近1，反映了江西省技术发展水平，属于整体科学技术因子。

表4-8 子系统——技术水平主成分得分系数

	X_{10}	X_{11}	X_{12}	X_{13}
1	0.995	0.915	0.988	0.983

计算出的主成分得分和技术水平子系统的综合得分（见图4-4）。从中可以看出，江西省在近十年来科学技术水平不断提高，科技创新"六个一"工程、人才强省战略得到了较好的实践。

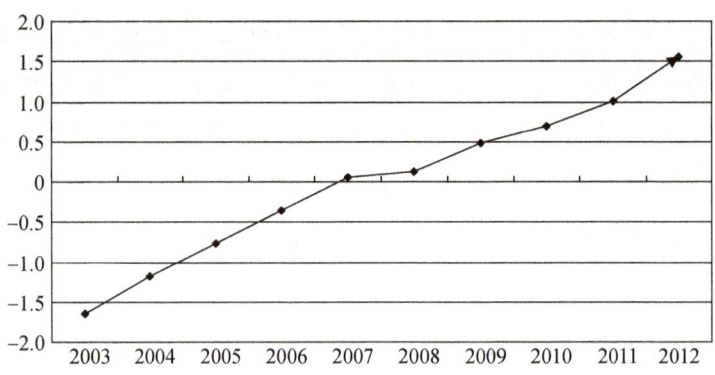

图 4-4 子系统——技术水平综合得分

4. 子系统四：环境质量评价分析

从表 4-9 中得出，环境质量子系统中共有 2 个主成分特征值大于 1，且累计贡献率达到 97.877%，涵盖了该子系统的大部分信息。为此，环境质量子系统选择 2 个主成分。

表 4-9 子系统——环境质量主成分解释的总方差

成分	特征值	贡献率（%）	累积贡献率（%）
1	4.836	80.601	80.601
2	1.037	17.276	97.877
3	0.088	1.464	99.341
4	0.027	0.450	99.791
5	0.012	0.193	99.984
6	0.001	0.016	100.000

由表 4-10 可以看出，第一主成分中万元产值固体废物排放量（X_{14}）、万元产值废水排放量（X_{15}）、万元产值废气排放量（X_{16}）三大指标的得分系数的绝对值均超过 0.2，反映了工业废弃物排放总量与经济总量的关系，属于工业废弃物碳排放强度因子。第二主成分中

工业固体废物综合利用率（X_{17}）、工业废水重复利用率（X_{18}）、工业"三废"综合利用产品产值（X_{19}）三个指标的得分系数均超过 0.2，反映了工业"三废"处理程度，属于节能减排因子。

表4-10　子系统——环境质量主成分得分系数

	X_{14}	X_{15}	X_{16}	X_{17}	X_{18}	X_{19}
1	0.987	0.975	-0.365	0.949	0.893	0.969
2	0.117	-0.130	0.925	0.202	0.388	0.201

根据以上结构，计算出主成分得分和技术水平子系统的综合得分（见图4-5）。从中可以看出，主成分1（工业废弃物碳排放强度因子）出现持续上涨的状态，说明随着江西省工业的不断做大，工业废弃物排放越来越多，环境压力不断累积。主成分2（节能减排因子）在2003~2009年出现波动但总体上升的较好态势，说明江西省贯彻国家节能减排力度不断加强，效果不断显现。但随着金融危机的爆发，江西省在不利的国内外经济发展形势下，既要保证经济稳定发展，又要保护青山绿水，节能减排压力剧增，出现不平稳的波动，说明江西省在当前国内外发展形势下，实现经济与生态的双发展双平衡存在一定的压力和难度。

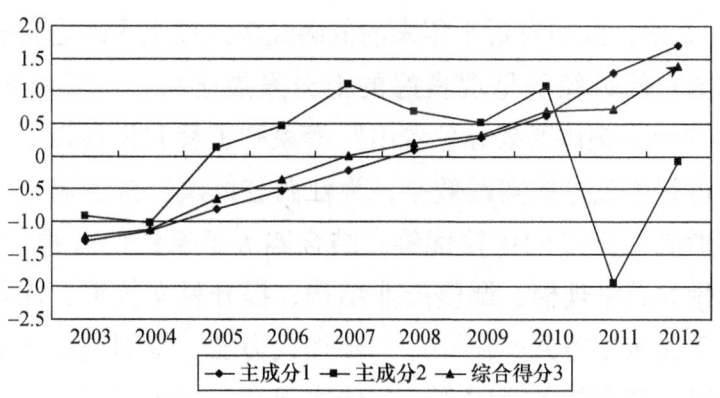

图4-5　子系统——环境质量主成分及综合得分

三、江西省低碳经济发展水平综合评价

通过整合四大子系统的综合得分，运用主成分分析方法计算江西低碳经济发展的总体水平，得到江西省低碳经济发展水平的综合得分，具体如图4-6所示。

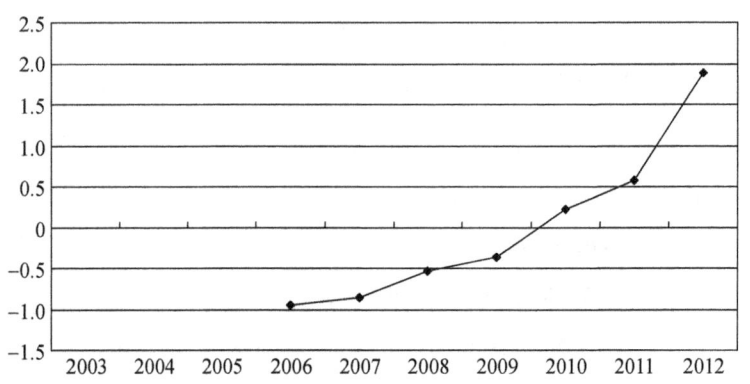

图4-6 江西省低碳经济发展水平综合得分

图4-6中，江西省近十年来的低碳经济发展水平综合得分不断提升，反映全省低碳经济呈现良好的上升发展态势，"山江湖开发治理"、"既要金山银山又要绿色青山"等系列工程和发展理念在实际发展过程中得到了较好的实践效果，为江西省低碳经济发展奠定了坚实的基础，形成了良好的比较优势。结合四大子系统的分析评价结果，江西省在做大总量规模、调整产业结构、提升科学技术、优化能源使用、加大节能减排等方面需要进一步加大力度，特别是在当前国内外经济形势复杂多变的关键时刻，如何实现在发展中求保护、在保护中求发展成为一个更加充满挑战的历史责任和时代任务。

第五章 江西省低碳经济发展总体思路

江西省作为能源资源匮乏的省份,发展低碳经济是实现"科学发展、进位赶超"的必要条件,也是实现"绿色崛起"的必然选择。面对绿色浪潮的机遇与挑战,江西省在发展低碳经济和加快建设低碳经济社会时应该遵守创新、科学等原则,从而走出一条具有江西特色的绿色崛起之路。全面贯彻落实科学发展观,坚持生态立省,科学发展,围绕建设鄱阳湖生态经济区发展战略,以增强可持续发展能力和经济竞争力为目标,以发展优势高新技术产业为突破,以转变经济发展方式、降低单位 GDP 的碳排放强度为着力点,以科技创新和制度创新为动力,以转变生活和消费方式为基础,创出一个具有江西特色的低碳经济社会发展新模式。

一、发展思路与原则

(一) 发展思路

深入贯彻落实科学发展观,以增强可持续发展能力和经济竞争力为目标,以产业低碳化发展为主线,以优化能源结构和提高能效为核心,加快构建新型低碳产业结构体系,积极推进清洁能源与低碳技术发展,重点加快低碳城市和工业园区的试点建设,逐步建立低投入、高产出、低能耗、少排放、能循环、可持续的经济体系,努力走出一条具有江西特色的低碳发展新道路,为实现江西"发展升级、小康提速、绿色崛起、实干兴赣"的总体目标提供强力支撑。

(二) 发展原则

1. 坚持经济增长和低碳发展相结合

江西省低碳发展不足的根本矛盾没有改变,全省低碳经济发展必须坚持经济增长与低碳化并重的方针,紧紧围绕实现经济增长方式低碳化的根本性转变,以提高能源利用效率为核心,以新能源和可再生资源利用和发展循环经济为重点,推进重点行业和重点领域的结构调整与技术进步,建立健全与低碳经济建设相适应的管理体制和保障机制,逐步形成低碳经济的增长方式和消费模式,促进江西省可持续发展。

2. 坚持市场主导、政府推动和企业参与相结合

充分发挥政府的引导和推进作用,制定和落实支持低碳经济发展的各项政策措施,把绿色增长、低碳发展纳入各级政府的发展规划、工作计划和绩效考核之中。支持关键低碳技术的研发和转化,综合运用经济、行政、法律手段,形成促进低碳经济发展的激励机制、监管和保障体系。

3. 坚持统筹规划与突出重点相结合

立足省情,讲求实效,稳步推进。优先推进重点高耗能产业的低碳化改造,抓好生态脆弱地区低碳经济发展。促进低碳经济建设从"面向企业、行业"延伸到"面向城市、社区和园区",向全社会扩展。将低碳发展理念融入工业化、新型城镇化和产业结构、产品结构调整之中,将低碳发展与农业、工业、服务业和社会融为一体,在生

产、建设、消费、流通等领域全面推进低碳发展，不断提高经济运行和社会建设低碳化的质量，促进社会经济与生态环境协调发展。

4. 坚持自主创新与对外合作相结合

把自主创新和引进、消化、吸收紧密结合起来，在各领域形成一批具有自主知识产权的低碳先进技术，注重开发、示范和推广一批对低碳经济有重大带动作用的共性和关键技术，促进绿色发展和科技创新的有效结合。积极开展国际低碳技术交流与合作，通过共同研发、积极引进、合理转让等方式提高江西省低碳科技水平和创新能力，尽快缩小与发达国家和地区低碳技术方面的差距。

二、发展目标

低碳经济发展的基本目标是努力推进两个转变：一是将经济发展由高度依赖能源消费向低能耗、可持续发展方式的转变；二是将能源消费结构由高度依赖化石燃料向低碳型、可再生能源的转变。

1. 近期目标（到 2015 年）

以强有力的政策和措施推进经济社会的低碳化发展，并取得初步成效。到 2015 年：

（1）产业结构优化升级。江西省高耗能产业增加值占工业增加值比重在"十一五"末的基础上下降 5 个百分点；高新技术产业增加值占 GDP 比重达到 15% 以上；现代服务业占 GDP 比重提高到 18%。国民经济发展对工业增长的依赖度降低，产业结构向"低碳化"转型。

（2）能源结构进一步改善。能源结构从以传统化石能源为主向以清洁和可再生能源为主的结构转变，通过化石能源内部和外部结构调整，有效减缓碳排放增长速度，促使能源结构向低碳能源方向发展。

清洁能源比重提高,新能源和可再生能源占江西省能源总量的比重达到10%,太阳能、生物质能、风能及其他可再生能源消费比重提高到4%左右。

(3) 低碳核心技术取得突破。把增强自主创新能力,大力开发低碳技术,尤其是发展节能技术、无碳和低碳能源技术、二氧化碳捕捉与埋存技术、提高能效,作为"十二五"时期低碳技术的主攻方向,在一些低碳技术领域掌握核心技术两项以上,加强低碳前沿技术研发,促进相关产业发展,初步建立鄱阳湖生态经济区低碳技术基地,逐步建立绿色科技体系。

(4) 低碳消费模式基本形成。坚持消费的低碳化和可循环,一方面,积极倡导绿色消费,弘扬绿色文化,营造绿色环境,提高大众绿色消费意识,引导和规范消费行为,发展绿色产品市场,逐步实现绿色购买,绿色处理,引导消费向更高层次发展;另一方面,基本形成政府的低碳化运作,推进公务用车改革,实现"无纸化"、"网络化"办公,树立低碳消费的榜样。

(5) 碳汇农林业进一步发展。在生态农业方面,加快发展生态农业,加大农业废弃物的综合利用,进一步提高农村秸秆综合利用率,增加农田土壤碳储存。在碳汇林业方面,继续大力实施植树造林、天然林保护与恢复等工程,加快森林资源培育,扩大森林面积,改善林木结构,到2015年,江西省单位面积森林蓄积量达到每公顷60立方米,显著增强森林生态系统的固碳能力。

(6) 低碳城市和低碳园区建设取得成效。以建筑节能为突破口,在城市规划、建筑标准、新城开发等方面,加快推进低碳城市建设和发展。到2015年,建成低碳化示范城市6个以上,低碳化示范园区20个以上。

(7) 参与碳交易有所进展。积极参与国际碳交易市场,加强低碳产品的贸易,争取在CDM项目和碳汇交易方面有新突破。

2. 中长期目标（到2020年）

通过持续的积极推动，初步形成经济社会的低碳化发展模式，低碳产业体系和低碳能源体系基本形成，绿色生产、绿色消费和绿色生活模式全面施行。到2020年：

（1）产业、能源结构趋于合理，生产方式基本实现向低碳型转变。十大战略性新兴产业在整个产业中所占比重显著提高；三次产业的比例更趋于合理，服务业在GDP中的比重显著提高；能源结构进一步优化，非化石能源占一次能源消费比重达到15%以上。

（2）低碳技术的研发能力全面提升，若干技术和产业规模达到国内领先水平。鄱阳湖生态经济区低碳化改造的战略目标全面实现，赣南等原中央苏区振兴规划全面融入低碳化建设，江西省十大战略性新兴产业发展规划目标全面实现。打造出一批支撑低碳经济的高新技术产业、创新型企业、国家级产业基地和国家级研发平台。

（3）温室气体排放得到有效控制，碳汇能力明显提高。单位GDP二氧化碳排放显著下降，单位GDP能耗等主要指标达到或超过国家同期标准；低碳型现代农业生态体系基本形成，氧化亚氮、甲烷等主要农业温室气体排放不断下降。湿地保护进一步加强，碳汇林业进一步发展，森林覆盖率达到70%以上。

（4）与低碳经济社会发展相适应的法规、政策和管理体系基本建立。基本建立与低碳经济社会发展相适应的法规保障体系、政策支持体系、技术创新体系和激励约束机制，以及碳排放监测、管理体系。在低碳领域与国内外交流合作的平台全面建立，国际低碳经济交流合作中心的地位得到确立。在低碳领域建立起若干个重要的与国内外开展科技、人才、资本等交流合作的平台。打造"世界低碳与生态经济大会暨技术博览会"品牌，使之成为在国内外具有广泛、持久和重要影响的盛会。

三、江西省发展低碳经济的重点任务和抓手

(一) 江西省发展低碳经济的重点任务

1. 优化能源结构,促进新能源和可再生能源发展

(1) 有序开发水电。把发展水电作为促进江西省能源结构向清洁低碳化方向发展的重要措施。在做好环境保护和移民安置工作的前提下,合理开发和利用江西省丰富的水力资源,加快水电开发步伐,因地制宜开发小水电资源,积极推进小水电代燃料生态保护工程和水电新农村电气化县建设工程,启动农村水电增效减排工程。通过建设峡江水电站 4×9 万千瓦机组、洪屏抽水蓄能电站 4×30 万千瓦机组、石虎塘水电 6×2 万千瓦机组和井冈山 13.8 万千瓦机组等项目,到 2015 年全省水电装机容量将达到 497 万千瓦。

(2) 加快发展风能、太阳能,在确保安全的前提下合理有序发展核能。重点开发鄱阳湖地区风能资源,建设长岭、老爷庙、大岭等一批环鄱阳湖区域和高山风电场,建成 20 万千瓦的风电装机。至 2015 年底,江西省风电总装机容量将达到 80 万千瓦;重点实施光伏产业建设工程,到 2015 年,高纯硅料将达到 4 万吨、太阳能电池及组件产能将达到 1 万兆瓦、太阳能光伏发电装机将达到 200 兆瓦;积极推进江西彭泽核电厂一期工程 2×125 万千瓦压水反应堆机组和万安烟家山核电站一期工程 2×125 万千瓦机组建设。

(3) 大力推广天然气利用。建设省天然气管网一期工程支线项目和省天然气管网二期工程,建成辐射所有设区市中心城区的省内城际输气管道及沿线县城供气管道,配套建设天然气储备设施及压缩天然

气（CNG）加气母站，实施城市燃气工程，新增设城市和县城供气能力180万立方米/日，扩建和改造管网2800千米。

（4）推进生物质能源发展。以生物质发电、沼气和液体燃料为重点，大力推进生物质能源的开发和利用。充分利用江西省丰富的林业生物质能源资源，研究和开发生物质能源转换可燃气体等高品位能源产品的技术，建设以光皮树为主的林木生物质能源基地26万平方公顷。加快推进生物柴油、非粮燃料乙醇生产项目建设，建设年产10万吨东乡县非粮燃料乙醇项目、年产10万吨井冈山市非粮燃料乙醇项目和年产10万吨万载县非粮燃料乙醇项目。

（5）加快地热和浅层地温能开发利用。基本查明地热资源和浅层地温能，新增地热水开采量2410万吨/年，大力推进地热产业发展。推广浅层地温能在建筑供暖制冷方面的利用，建设浅层地温能开发利用示范工程34个，力争建筑供暖制冷利用浅层地温能的面积达到600万平方米。

（6）推进特高压电网入赣工程建设。通过建设武汉—南昌交流特高压输变电工程、陈龙—新余直流特高压输变电工程，打通与我国大煤电、大风电等能源基地的通道，转输煤为输煤输电并举，优化江西省能源结构。

2. 优化产业结构，抓好节能降耗

（1）调整优化产业结构，淘汰落后产能。加强投资管理，严把土地、信贷关，提高节能环保准入门槛，有效控制新建高耗能、高污染项目。按国家产业政策、产业结构调整指导目录和高耗能能效限额标准要求实施淘汰落后产能工程，继续淘汰钢铁、有色金属、建材、化工、电力、煤炭、造纸、印染、氮肥、制糖、啤酒、皮革等高耗能、高污染行业落后产能。制订淘汰落后产能分地区、分年度的具体工作方案，将淘汰落后产能目标任务分解到省政府各部门、地方各级人民政府和企业。制定淘汰落后工艺、技术、设备和产品目录，继续实施废旧家电以旧换新,加快淘汰老旧铁路机车、汽车、船舶和农业机械。各地区应根据当地产业发展实际,制定范围更宽、标准更高的淘汰落后产能目标任务。"十二五"期间淘汰落后产能力度不应低于"十一五"水平。

(2)加快技术开发和推广。加快节能减排技术研发,支持节能减排技术支撑平台建设;加快节能减排技术产业化示范和推广;加快建立节能技术服务体系。统筹规划,建设一批节能工程项目,充分利用工业企业余热余压,集中供热供冷,开展工业锅炉窑炉改造,提高能源效率,减少烟尘的排放。

(3)加强节能减排管理。加快推进十大重点节能工程,实施合同能源管理。建立节能监测体系、完善节能统计体系、增强节能监察能力、完善节能标准标识体系,确实落实节能工作;积极实施水污染治理工程,大力实施燃煤电厂二氧化硫治理,使主要污染物排放总量得到有效控制。

3. 加大技术研发与应用,发展新型产业

(1)大力发展循环经济。进一步促进工业领域的清洁生产和循环经济的发展,加快建设资源节约型、环境友好型社会,实施粉煤灰、煤矸石、工业副产石膏、建筑废物、公路垃圾等大宗固体废弃物资源化利用工程,支持有色金属、黑色金属、煤炭、石灰石等矿产共伴生矿和尾矿资源综合利用开发,推动秸秆、废弃木料等农林废弃物综合利用,打造一批资源综合利用示范基地。

(2)强化钢材节约,优化钢材品种结构。进一步贯彻落实《钢铁产业发展政策》,鼓励用可再生材料替代钢材和废钢材回收,减少钢材使用数量。合理控制产能规模和低端钢材总产量,优化钢材品种结构,提高附加值。强化钢铁生产节能技术和前瞻性技术的研发能力,促进企业联合重组,使钢铁工业向做大、做强方向转变。降低铁钢比,减少铁前物料和能源消耗。提高高炉炼铁喷煤比,优化企业用煤结构。

优化高炉炼铁炉料结构，提高球团矿使用比例。采用连铸坯热送热装和直接轧制技术，促进轧钢工序节能。推动高炉煤气、转炉煤气和焦炉煤气等二次能源高水平回收利用，实现零放散损失。继续推进干熄焦、转炉煤气干法除尘、高炉煤气干式炉顶压差发电等"三干"技术广泛应用，大幅度提高烧结机余热发电、转炉煤气余热发电等余热回收技术应用比例。

（3）进一步推广新型干法水泥生产工艺。充分利用余压余热发电，鼓励在水泥生产过程中添加工业废渣，扩大散装水泥供给。合理调控水泥行业生产能力和产量，进一步提高能源利用效率和资源综合利用水平，提高产品附加值，培育和造就一批具有国际竞争力的大企业。水泥企业新型干法水泥生产线利用纯低温余热发电比例提高到90%以上，推进水泥粉磨节能技术改造、日产2000吨及以上新型干法水泥生产线节能改造以及利用水泥窑协同处置城市垃圾和污泥等工作。

（4）全面开展绿色建筑行动，打造新型低碳建筑业。大力推广节能建筑材料的使用和倡导建筑材料节约。进一步推广包括节约建筑材料的"四节"（节能、节水、节材、节地）建筑，积极推进新型建筑体系和新型环保节能建筑材料的应用，推广应用高性能、低能耗、低材耗、可再生循环利用的建筑材料。同时加强建筑、商用和民用领域节能，提高建筑节能标准，完善覆盖城乡、不同建筑类型的建筑节能标准体系，加快制定农村建筑节能标准和大型公共建筑能耗限额标准。

（5）发展战略性新兴产业，建设科技创新平台。实施科技创新重大工程，着力发展有优势、有基础、有潜力的光伏，风能、核能，新能源汽车及动力电池，航空制造，半导体照明，金属新材料，非金属新材料，生物，绿色食品，文化及创意十大战略性新兴产业，以培育新的经济增长引擎，提高经济竞争力。"十二五"期间，培育100个创新型企业，实施100个重大高新技术成果产业化项目，建设10个国家级研发平台，办好10个国家级高新技术产业特色基地，组建100个优势科技创新团队，形成以企业为主体、市场为导向、产学研相结合的技术创新体系。

4. 改进农村生产生活方式，减少农业排放

（1）加大技术开发和推广利用力度。实施新一轮沃土工程和测土配方施肥工程，推广化肥和农药合理使用技术，科学施用化肥，引导增施有机肥，大力加强耕地质量建设，全面提升地力，减少农田氧化亚氮排放。选育低排放的高产水稻品种，推广水稻半旱栽培技术，采用科学灌溉技术，研究和发展微生物技术，有效降低稻田甲烷排放强度。

（2）改进生产生活方式。推广柴节煤灶和农村沼气工程建设，结合农业产业化、生态经济、循环经济发展，加大农村沼气池建设，提高沼气池利用效果和效率。淘汰落后农业机械和渔船装备，加强节能检测与维修保养。加快排灌泵站更新改造步伐，提高固定作业的农机电力驱动比例。

（3）实施农村清洁工程。加快实施农业面源污染防治工程，加大大中型畜禽养殖场面源污染的治理力度，大力实施畜禽养殖标准化生产，建设人畜粪便、农作物秸秆和生活污水等有机废弃物处理利用工程，推广各环节的低碳技术，有效降低温室气体排放强度。

5. 推进生态工程，提高碳汇能力

（1）大力实施植树造林绿化建设。全面加快推进山区绿化、平原绿化、城市绿化、绿色通道建设，进一步改善生态环境、人居环境、生产环境，大力开展"森林十创"活动，重点建设省会南昌以及赣州、宜春、抚州等一批设区市城市森林工程，精心打造江西青山绿水的品牌。

（2）全面实施生态公益林及天然阔叶林保护工程。严格执行省人大《关于加强森林资源保护和林业生态建设的决议》，禁伐天然阔叶林，建立科学有效的公益林管护机制，完善公益林补偿机制，逐步提高公益林补偿标准。加强木材流通加工执法检查，进一步规范因自然灾害、征占用林地、毛竹低改、公益林抚育更新等采伐天然阔叶林的审批工作。鼓励营造人工阔叶林和针阔混交林，不断提高阔叶林木材碳汇能力。

（3）加强自然保护区建设。在不同自然地带的典型森林生态地区、珍稀濒危野生动植物分布区、具有特殊保护价值的天然林区、重要湿地区域、五大河流及主要支流源头等重点生态地区，选择建立不同类型、不同级别的自然保护区，建设珍稀野生动植物救护工程，使全省的国家、省级重点保护野生动植物物种、天然湿地和天然阔叶林得到有效保护。建设种质资源库，收集保存江西和长江中下游地区有代表性与典型性的种质资源，以植物为主，兼顾生物种质资源，为野生生物种质资源的保护、研究、开发及合理利用提供技术支撑和决策依据。

（4）加强湿地资源保护。重点建设以国际及国家重要湿地、各级湿地保护区、国家湿地公园为格局的湿地保护体系。实施湿地恢复、污染控制及其生物多样性保护工程，全面维护湿地生态特性和基本功能，遏制自然湿地面积的减少。同时，加强湿地生态监测（特别是鄱阳湖湿地与候鸟监测）、宣传教育、科学研究和管理体系等方面的能力建设，建设湿地资源可持续利用示范工程，开展湿地生态旅游，全面提升湿地保护、管理和综合利用水平。启动鄱阳湖湿地保护补助试点，探索建立全省范围的湿地保护补助机制。

（5）提高森林碳汇研究能力。加大碳汇能力基础研究，开展全省现有森林、湿地的总碳储量核算，摸清全省森林碳汇本底，定量评估林业生态建设贡献。构建全省森林资源碳储量数据库，绘制全省森林碳储量与碳密度分布图，为长期监测与评价、发展碳汇林业提供科学依据。建设覆盖全省天然林、人工林、湿地与沙化土地等森林生态系统类型的"生态定位观测站网"，开展林业碳汇监测体系研究。开展低碳林业技术研究，加快技术成果转化，重点推广应用高效固碳树种选育与扩繁技术、油茶间作套种复合经营技术、林下经济经营技术和木质剩余物生物与高效循环利用技术等。

6. 继续推进清洁发展机制项目开发，逐步建立碳交易市场

（1）积极探索利用市场机制和经济手段控制温室气体排放。继续推进清洁发展机制项目合作，提高企业参与减缓气候变化行动的积极性，提高企业、公众对绿色低碳发展认知度，提升国际经济技术合作水平，提高利用外资质量。服务企业加快开发清洁发展机制项目，推动清洁发展机制项目在钢铁、冶金、煤炭、火电、水泥、化工以及农业、林业、交通、建筑、市政工程建设等行业的广泛开展，减缓温室气体排放。

（2）逐步建立碳排放交易市场。根据国家发改委发布的《温室气体自愿减排交易管理暂行办法》和《温室气体自愿减排项目审定与核证指南》的要求，有序引导市场开展自愿减排交易活动，调动全社会自觉参与碳减排活动的积极性。探索建立低碳产品标准、标识和认证制度，做好建立碳排放交易市场的筹备工作。

7. 推动试点示范，引导绿色低碳发展

进一步推进南昌市、景德镇市和赣州市国家级低碳试点城市和资溪、婺源、浮梁、芦溪、大余、分宜、共青城、贵溪、袁州区、吉州区十个省级低碳试点县（市、区）的建设。通过试点，建立以低碳排放为特征的产业体系，培育一批低碳试点企业和园区；在冶金、化工等能源资源消耗高的行业中选取一批企业开展低碳示范；引导建立低碳消费模式。以此推动全省经济社会发展向低碳转型。

8. 编制排放清单，开展温室气体统计、核算和考核

（1）按照国家发改委省级温室气体排放清单编制工作要求，完成江西省2005年和2010年能源活动、工业生产过程、农业活动、土地利用变化和林业、城市废弃物处理等领域温室气体清单编制工作，确保江西省温室气体排放清单的完整性、准确性。建立和完善有关温室

气体排放的统计、核算和考核体系,下发各行业、各市县温室气体减排目标。

(2) 逐步建立温室气体浓度监测网。在江西省典型地区开展温室气体监测,掌握温室气体浓度动态变化和时空分布,逐步建成江西省温室气体网络化监测系统。"十二五"期间初步建设南昌市、新建县和庐山三个站点,分别监测城市、郊区和大气本底的温室气体情况,为今后进一步布网监测奠定基础。通过监测站网建设,逐步建立城市温室气体、气溶胶等与气候变化密切相关的大气成分数据库,为政府提供应对气候变化决策依据和服务产品。

(二) 江西发展低碳经济的抓手

以示范、创新和能力建设为重要抓手,组织实施一批重点工程,促进江西低碳经济迈出坚实步伐。

1. 建设一批低碳经济示范园区

结合循环经济试点园区,对江西 94 个省级以上开发区(工业园区)逐步按低碳化理念进行改造,实现资源综合利用、土地集约使用、废物集中处理、热电能源共享,重点选择 20 个不同类型工业园进行试点示范。

2. 建设一批低碳经济示范企业

在冶金、电力、建材、采掘、轻纺、化工等高耗能行业,选择 30 个重点企业,通过节能和提高能效,降低碳排放强度,进行低碳化试点。使试点企业万元增加值综合能耗比下降幅度高于江西省平均水平 2 个百分点,主要耗能产品综合能耗显著降低,为江西高耗能产业低碳化改造提供示范。

3. 建设一批工业节能增效工程

加快建设余热余压利用工程,力争每年实施 10 项余热余压工程,年节能量 10 万吨标准煤。加快建设电机系统节能工程,力争每年实施

100台高、低压电机变频改造,年节能量6万吨标准煤。加快建设燃煤工业锅炉改造,力争每年完成50台工业锅炉节能改造,采用分层燃烧等技术对燃煤锅炉进行改造,采取新型循环流化床锅炉、燃气(油)锅炉替代燃煤锅炉,年节能量达到10万吨标准煤。

4. 建设一批生态农业和林业示范基地

建设一批粮油、蔬菜、茶叶、花卉苗木、食用菌、药材、养殖等生态农业示范基地。加强树林保护区建设,推进林业"百千万"增绿增效示范项目,建设20个低碳农业集聚区、碳汇林业示范区。

5. 建设一批绿色社区和绿色城市

结合贯彻实施国家发展节能型住宅、公共建筑的指导意见,从规划、设计、施工、使用和管理等环节抓好城市建筑节能工作,建设50个绿色建筑示范工程和绿色社区。

6. 建设一批节约型政府机构和商业网点

进一步推进政府机构(包括由公共财政支持的各级行政事业单位、社会团体等部门)和商业网点节约资源试点工作,形成20个节约型政府机构和20个商业网点,使江西省政府机构人均能耗明显降低。

7. 建设一批低碳技术科技示范区

依托南昌经济开发区、小蓝经济开发区等国家级高新技术开发区和新余等新能源基地建设,选择工业、新能源、节能环保等领域20个园区,开展低碳技术科技示范区建设。加强园区低碳技术的政策扶持、科技孵化,强化低碳研发,推进低碳技术的产业化,为促进江西省低碳技术的发展积累经验,提供示范。

8. 制定一批促进低碳经济发展的政策法规

围绕低碳经济的关键、共性技术,形成一批具有自主知识产权和产业化前景的科研成果;研究制定促进能源、资源节约,清洁生产和可再生能源方面的地方性法规规章,出台关于能耗上限、建筑节能等方面的标准规范和政策措施等。

第六章 江西省低碳经济发展路径

通过上一章的实证分析得知,江西省低碳经济的发展要以低碳产业为突破口,以低碳技术为支撑,不断优化能源结构、合理布局、试点推进,力争以低碳经济的跨越崛起助推江西梦"发展升级、小康提升、绿色崛起、实干兴赣"早日实现。

一、全力推进工业转型,铸造低碳发展强劲动力

江西省发展不足的基本省情没有彻底改变,寻求实现以工业产业科学发展为核心动力的崛起之路依然是江西省加速前进的基本途径。目前,传统粗放式发展模式正在被时代淘汰,紧跟新一轮低碳发展热潮的步伐,以良好的生态优势和工业基础为依托,加入抢夺未来发展制高点的第一方阵。

(一)加快壮大战略性新兴产业,培育低碳发展新活力

通过对未来市场需求变化和技术发展趋势的科学判断和新兴战略产业的基础分析,不断加强江西省新兴战略产业的培育与延伸,实现

产业结构的战略性提升。

1. 全力推进航空制造业

以"一城两园区"（南昌航空工业城、景德镇航空产业园、九江红鹰飞机产业园）为主要发展平台和载体，推动洪都航空、昌飞公司、九江红鹰飞机制造公司和江西景航空锻铸件公司等骨干企业本地化与国家化联合，进一步扩大民用直升机、教练飞机、通用飞机、无人直升机等主力机种规模。紧紧抓住我国低空域改革试点扩容的未来机遇，提前布局，加快加大低空域飞行机型及相关产业研究和投入。结合江西省科研生产水平和现有航空产业基础，突出发展大飞机零部件，着力开发航空陶瓷、高分子材料及其他新型航空材料，加快锻铸造新技术工程化进度，不断构建较为完整的航空关联产品体系。

2. 加快发展新材料产业

加快推进金属新材料和非金属新材料的技术攻关，依托宜春钽铌矿、赣州宁都锂辉石等锂云母资源，通过引进先进技术，突出自主创新，不断降低锂云母提取碳酸锂工艺成本，加快推进锂资源的规模化开发和利用，力争在锂云母提取锂及其深加工、正极材料等方面实现新突破。充分发挥岩盐资源优势，推进盐化工向精深加工方向延伸。凭借丰富的石灰石资源优势，大力发展新型干法水泥。依托丰富的黑滑石资源储量，加快广丰黑滑石开采及深加工基地建设，不断提高资源性产品的附加值。整合现有优势，合理配置资源，支持企业靠大联强，积极引入国内外大型企业集团投资江西省新材料产业。

3. 培育壮大新能源汽车及动力电池产业

围绕系统集成、动力总成、电磁兼容、高压安全等关键共性技术，集中全行业科技资源重点突破一批新能源汽车及动力电池的核心技术，形成一批具有较强国际竞争力的自主品牌纯电动汽车、插电式混合动力汽车等节能与新能源汽车产品。支持建立四个新能源汽车与动力电池相关的省级工程（技术）中心：江西省新能源汽车研究与试验工程

（技术）中心、江西省新能源动力电池工程（技术）中心、江西省新能源汽车驱动电机工程（技术）中心、江西省新能源汽车控制与安全工程技术中心。积极引导社会资金投入新能源汽车产业，设立新能源汽车产业发展和应用推广专项资金，用于扶持新能源汽车的研发与产业化、示范应用及建设配套服务设施的补助。

4. 大力发展软件产业

着力突破传统产业结构，重点推动软件产品向平台化、构件化方向延伸，推动软件技术服务向离岸服务外包、文化创意产业方向拓展，在继续发展系统集成的同时，逐步扩大软件产品、软件技术服务、嵌入式软件的比重，打造形成"软件产品—软件技术服务—系统集成—嵌入式软件"较为完整的软件产业链，形成行业应用软件、中间件软件、嵌入式软件、系统集成、软件服务外包、数字内容加工处理与服务并重的产业发展格局。鼓励本地院校及企业与国外教学机构、著名软件企业联合办学，多模式、多渠道培养软件产业人才。增强自主创新能力，积极鼓励企业不断强化自主创新能力，培育一批具有自主知识产权软件产品群，推动软件技术向网络化、融合化、服务化、绿色化方向发展。

5. 做大做强生物和新医药产业

坚持以市场需要为导向，加快适应GMP认证标准，继续巩固中成药传统优势，重点突破化学药、原料药、生物技术药、医疗器械等领域，不断优化产品结构。加快推动生物和新医药产业产学研用联盟建设，加强研发资源和人才整合，以企业为主体，组织科研院所和高校共同参与生物和新医药产业基础成果的转化。加大技术创新研发力度，围绕关键核心技术的研发和成果转化，引导企业加大研发力度，推动临床试验中心、产业工程实验室等公共研发设施建设，形成开放式运行的技术研发和产业化平台。

6. 有序发展半导体照明产业

加快硅衬底LED外延片材料和芯片产业化，以硅衬底原创技术为动力，加快以硅衬底 GaN 基为主的半导体照明外延材料和芯片产业化进程。大力发展下游应用产品，充分发挥产业研发和生产方面的优势，大力发展中、高端 LED 应用产品，加大对下游应用产品招商力度，优先发展 10 寸以上大尺寸 LED 背光源、全彩显示屏、室内照明灯具、城市道路照明灯具、户外装饰照明系统、汽车照明灯、彩屏幕墙等项目，支持 LED 与太阳能、风能等可再生能源结合的复合照明系统的研发及产业化，不断扩大应用产业规模。

7. 重点发展绿色食品产业

发挥江西省生态优势和农产品资源优势，重点抓好"四个一"项目建设。围绕鄱阳湖生态经济区建设，积极推进农业产业化，大力开发绿色食品、有机食品、功能特色食品。引导食品企业集聚和集约化经营，支持农业产业化市场服务体系建设，支持农业产业化龙头企业基地建设和科技开发，形成具有较强竞争力的优势产业带。强化食品工业与农业产业化的融合发展。依托江西省农副产品原材料供应优势，大力发展绿色食品，加强食品工业发展和推进农业产业化的有机结合，以粮食深加工及综合利用、特色油脂、畜禽、水产、果蔬加工和乳制品业等为重点，按照食品工业对原料的需求和优势农产品区域化布局的要求，建设一批优质原料基地，大力推进农业产业化，以工哺农、以农促工，促进食品工业的更大发展，不断提高江西省食品工业总产值与农业总产值的比例。

（二）加快推进传统优势产业转型，巩固低碳发展基础

始终把科学发展、加快发展贯穿于现有传统优势产业的转变发展全过程，着力创新发展理念，整合存量资源，进行高新技术改造，促进产业结构低碳化发展转型。

1. 全面优化钢铁产业

综合考虑区域矿产资源、能源、水资源、环境容量、市场分布等

条件，重点依托沿江水运优势，加快沿江钢铁产业基地的发展布局，逐渐形成千万吨级的新型钢铁产业基地，调整和优化全省钢铁工业的内陆型布局。引导企业联合重组，按照市场化运作、政府引导、先省内后跨地区跨所有制的原则，推进钢铁企业联合重组。形成规模处于国内前10位的具有较强竞争实力的特大型钢铁联合企业集团，加快进入国家重点扶持5000万吨以上具有较强国际竞争力的特大型钢铁企业、1000万~3000万吨级的大型钢铁企业的范畴。强化资源保障能力，积极实施"走出去"战略，加大勘探研发投入，提高资源保障能力。鼓励并支持有条件的企业到周边国家开展资源勘探、开发和技术合作，独资或合资办矿。依靠科技进步，适度开发利用低品位矿、难采选矿和尾矿，加强对共生矿、伴生矿产资源的研究、开发和综合利用，不断提升铁矿石资源的供应能力。

2. 继续优化铜冶炼及深加工产业

进一步巩固和扩大江西省铜冶炼环节的优势地位，跟踪国外先进冶炼技术，实现铜冶炼技术经济指标与世界先进水平对接，扩大竞争优势。加快发展铜精深加工产业，以市场为导向，以替代进口为目标发展铜精深加工产业。强化铜资源保障体系，在铜精矿方面，加大现有矿山深部和周边的风险探矿力度，争取现有矿山的铜资源储量有较大增加。继续对矿山进行技术改造，提高技术装备水平，扩大产能。通过收购、参股等合作方式，控制国内外更多的铜资源，创造条件进行有效开发，不断提高铜原料资源利用率，提高江西省铜资源自给率。在再生铜方面，加快建设铜拆解基地建设，早日形成规模。鼓励引进新设备、研发新工艺回收处理各种铜废物。

3. 加快发展钨和稀土冶炼及深加工产业

大力提高矿山采选工艺技术和装备水平，不断提升矿山总体采选综合回收率和矿山共伴生元素综合利用率。建立健全钨和稀土废料回收利用体系，研究开发回收和二次利用技术，充分挖掘江西省钨和稀土资源价值。不断完善技术创新体系,加快产学研合作平台建设,提高钨和稀土资源性产品的精深加工水平,提高产品附加值。加快发展深加工及应用产品,鼓励支持钨和稀土的深度加工。培育壮大龙头企业,充分发挥江西省资源的绝对竞争优势,依托钨和稀土的冶炼及深加工能力,不断适应国家产业政策调整,加快实施龙头发展和带动战略。

4. 改造提升纺织服装产业

大力实施自主品牌建设工程,采用"量质并举"及"品牌发展"战略,扩大现有自主知名品牌的市场份额,着力创建新的产品品牌和区域品牌,以服装、家纺等终端应用产品自主品牌建设为突破口,大力实施自主品牌建设工程,培育形成若干个在国内具有较大影响力的自主知名品牌,实现从"订单加工型"向"品牌经营型"的战略转移,以名牌产品优势企业带动整个纺织服装行业的发展。加快发展专业市场,充分借鉴浙江、广东、江苏、福建等纺织服装强省的发展经验,加快江西省纺织专业化市场建设进程。按照"在承接中调整结构、在承接中壮大总量、在承接中提升竞争力"的总体思路,以特色园区和产业基地为承接产业转移的重要载体,积极做好产业配套工作,高水平承接国内外纺织服装产业转移,提升产业承接竞争能力。

5. 巩固提升汽车及零部件产业

加快整车扩能和新产品开发,重点发展轿车、轻型载货汽车、轻型客车、特种专用车、城际高档客车和公交用车等。在扩大整车生产规模的同时,以市场需要为导向,加强龙头企业与国内外汽车龙头企业的合资、合作力度,提高产品自主研发能力,重点发展拥有自主知识产权的商务用车、家用轿车等,加快新产品开发,促进产品升级换代。推进零部件集聚,加大招商引资力度,延长产业链、缩短供应链、降低成本链、提升价值链,加速汽车零部件产业集聚。

6. 大力振兴装备制造产业

重点推进装备工业结构战略性调整,重点研发先进适用、高附加值的主机产品和核心基础零部件,提升输变电设备、兆瓦级以上的风电设备、矿山设备、冶金设备、电力控制设备、环保设备的技术水平;研发大型、精密、高速数控加工设备及关键功能部件和控制系统,以及高功率激光切割、中小精微激光加工设备和激光医疗设备。进一步提高装备制造产业研发和制造水平,不断提升竞争力。集中攻克一批长期困扰产业发展的共性技术,加快研发关键总成零部件,促进矿山机械、工程机械、船舶机械等装备工业产品发展。推进以企业为主体的产学研结合,鼓励科研院所走进企业,支持企业培养壮大研发队伍,不断推进产业科技创新。

7. 加快做大电子信息产品制造业

提高产业关联产品配套能力,依托骨干企业,积极发展为移动通信设备及终端、计算机、数字视听设备等电子产品配套所需的元器件,加快吸附注塑件、电子线路板、电子元器件、精密加工等配套型生产企业,形成较为完善的电子信息产品制造业配套体系。完善技术创新体系。立足自主创新,强化企业合作,完善以企业为主体的技术创新体系。加强移动通信、电脑、新型显示器件等领域创新能力建设,完善公共技术服务平台。支持电子元器件,通信终端传输设备,通信、应用电子产品组成各种形式的产业联盟,促进联合协同创新。大力推进地面数字电视、手机电视、数字音视频编解码等标准产业化进程。

(三) 优化能源结构,提高能源利用效率

江西省发展低碳能源具有较强的比较优势,尤其是在生物质能、核能、风能、太阳能、页岩气等方面优势突出。要坚持新能源发展战略,把新能源产业作为发展低碳经济的重要抓手,重点在以下六大方面取得突破:

1. 风能:着力开发风力发电

据《江西省风资源评价》显示,江西省风能资源总储量约6000万千瓦,技术可开发量约为230万千瓦。合理开发风力发电,可以有效缓解全省水电丰枯矛盾,实现风电水电互补。而且风电是环保型能源,没有废气排放,且建设周期短、见效快。根据新能源发展规划方案,江西风能资源技术发电量可达230万千瓦,主要集中于环鄱阳湖区域,全省可规划建设15个风电场,装机总量达到96万千瓦。

2. 核能：稳步发展核电工程

江西省建设核电工程有着良好的基础和有利条件,从资源条件看,江西省人口密度相对较低,江河众多,地质条件好,具备建设核电和抽水蓄能电站的优越条件,铀矿资源储量丰富,矿床数和储蓄均占全国1/3,产量居全国第一位,具有开发核能的得天独厚优势。国家能源规划已将江西纳入国家东中部核电站建设带,作为我国优先发展核电的内陆省份。

3. 生物质能：以核心技术助推能源基地建设

江西省在生物柴油和生物质能发电等项目方面都有新突破。南昌大学生物质能转化教育部工程研究中心成为全国首家专门研究生物质能转化的工程研究中心,该中心在生物柴油的原料开发方面与3家企业合作,进行年产总计20万吨生物柴油的生产。继续加大对生物质能技术的开发和掌握,将江西省打造成为生物柴油产能大省。加大对生物质能发电方面的研究投入和试运行,利用秸秆、谷壳等农业废弃物替代燃煤发电。继续大力发展农村沼气工程,推进生物质能发电项目,积极开发燃料乙醇,使之作为农村能源的重要补充。一方面,解决农村生产和生活用能问题,推动新农村建设；另一方面,优化农村能源结构,改善生态环境。以生物质能发电、沼气、生物质能固体成型燃料和液体燃料为重点,大力发展油茶等木本粮油产业和光皮树等生物质能源产业,加快建设生物质能发电场。

4. 太阳能：大力发展光电设备

江西省应抓住国家补助开展太阳能示范工程建设的有利时机,加快建设光伏发电示范点、光伏发电并网电站，实施"屋顶光电工程"，提高光伏发电在整个电源中的比重，开发新能源的同时扩大江西省内部光伏产业产能消化能力。

5. 天然气：不断扩大天然气使用的覆盖范围

天然气属于低碳、清洁的优质能源，但江西省的天然气消费量很低。未来江西省要继续加快天然气管网工程实施步伐，加快提升节能环保管道天然气在江西省的覆盖速度。另外，可以逐步推进出租车使用天然气，拓展天然气的应用领域。

6. 页岩气：联合外资外智共同开发开采页岩气

页岩气是蕴藏在页岩层中的天然气，是一种非常规天然气资源。目前，"中国页岩气华东第一井"施工地点选择在江西省武宁县清江乡，设计孔深1500米，已于2013年6月开钻。该井是中国地调局确定的全国页岩气资源调查评价与勘查示范试点项目第一井，也是华东地区第一口页岩气点火井。但目前页岩气开采难度较大，江西要联合外资外智，加大对页岩气的探索勘探开发，力争成为我国第一批成功试点开发页岩气省份。

二、全面推进"大农业"发展，扩大生态优势

农业是一个国家或地区的国民经济基础，粮食农作物是事关国家安全的重要因素，也是众多工业发展的基础原料和物质基础。江西省作为农业大省，大力促进高产、优质、高效、低耗、生态、安全农业的发展，基本形成生产集约化、产出高效化、装备现代化和管理科学化的现代型农业体系，走"低污染、低能耗、低排放"的低碳式农业发展之路，是与全省新型城镇化、农业农村现代化、与全国同步实现

小康社会建设紧密相关的重大事件。

（一）优化农林业，不断增强碳汇能力

优化农业传统结构，统筹粮食作物、经济作物种植。推进农业规模化经营，大力发展现代化的设施农业和精准农业。着力建设以"四大生产区"为核心的低碳农业产业群，即南部平原优质粮食和无公害蔬菜生产区，北部平原优质棉花、油菜生产区，环湖水域高效渔业生产区，丘陵山地高效林业、牧业、果业生产区。通过特色农业的聚集，发展精准农业、绿色农业和现代农产品物流，形成高产、优质、高效、生态、安全的低碳农业产业群，通过龙头企业的带动，形成产供销一条龙，提高农产品附加值，增加农民收入，确保食品安全，同时提升农业的减排和碳汇能力。同时发展林业产业，深化林权制度改革，进一步落实植树造林、退耕还林、水土保持和天然林保护等政策措施，加快建设能源林基地，巩固造林绿化"一大四小"工程成果，持续推进社会造林，增加森林蓄积量和碳汇能力。

（二）着力创建生态模式，强化农业废弃物利用率

江西省要把控制农业面源污染作为发展生态农业的重要措施，主推节约型农业生产、畜禽生态养殖和能源生态三种模式。①节约型农业生产模式。积极推广保护性耕作、化肥机械化深施、配方施肥、诊断施肥、水肥一体化等控源减排技术，提高科学施肥水平，推广精准施药、减量控害技术及高效节药机械，淘汰"跑、冒、滴、漏"植保机械。②畜禽生态养殖模式。合理布局畜禽养殖场（小区），推行农牧结合和生态养殖模式，规范饲料添加剂使用，提高饲料利用率，推广雨污分流、干湿分离和设施化处理等先进适用的污染防治技术，推进畜禽粪污的无害化治理和利用。③能源生态模式。在适宜地区加快推进"一池三改"户用沼气建设，大力推广"猪—沼—果"等能源生

态模式,在集约化养殖场和养殖小区,建设大中型沼气工程,实现畜禽粪便资源化利用和环境治理的"双赢"目标。

(三) 推进产业化经营,提高农业现代化水平

全面提高农产品生产专业化、规模化水平,加快推进农业产业化经营,构建农民增收的长效机制。大力推进农业产业化示范基地建设,做大做强省级龙头企业担保公司,积极引导龙头企业并购重组、整合上市,加强银企合作,完善信贷风险补偿机制。引导民间资本、工商资本投向农业领域,完善"龙头企业+农民专业合作社"的农业产业化经营模式,推进龙头企业与"一村一品"示范村建设对接,深入开展农民专业合作社示范社创建活动,提高组织化生产程度,增强带农增收能力,形成购销关系稳固、利益联结紧密的联结机制。继续加大对乡村种养业良种、动植物保护、农村沼气、农产品质量安全体系等建设项目的支持力度,积极扶持乡村培育特色优势产业,不断提高农业综合生产能力,促进乡村经济社会又好又快发展。

三、优先发展现代服务业,培育低碳经济新增长点

自20世纪80年代开始,全球产业结构呈现出"工业型经济"向"服务型经济"转型的发展总趋势。大力推进第三产业的发展是完善市场发育、优化资源配置、提高经济效益的重要途径。对于经济发展相对落后的江西省来说,要使经济追赶上沿海发达省市的发展水平,实现经济迅猛增长的目的,必然离不开第三产业的腾飞式发展。而在全球气候暖化的背景下,与高碳排放的工业相比,低能耗、低污染、高产值的第三产业是发展低碳经济的重要途径。因此,江西省要走低

碳经济发展道路，就必须大力发展碳排放强度最低的现代服务业，提高第三产业的规模、发展速度以及在国民经济中所占的比重，努力降低经济增长对能源的需要量和依赖度。

（一）大力发展生产性服务业，助力工业转型升级

生产性服务业是一种新兴服务业，既与制造业相关，又具有服务业的特性，是为保持工业生产过程的连续性、促进工业技术进步、产业升级和提高生产效率提供保障服务的服务行业。发达国家的实践经验表明，发展生产性服务业能够细化和深化专业化分工，降低社会交易成本，提高资源配置效率和企业竞争力，在现代经济中具有不可替代的作用。同时，发展生产性服务业也是推动产业结构优化升级的必然选择和转变经济发展方式的重要途径。随着服务业与制造业的相互融合，鉴于生产性服务业在现代制造业中的关键地位和江西省生产性服务业的基础，有必要把生产性服务业的发展与创新放在更加重要的位置。特别是在运用现代信息技术成果改造物流和供应链体系、建立市场营销网络等方面，应给予政策上的适当倾斜，提升制造业企业自身生产性服务水平的同时，又能够加快打造一大批专业化生产性服务供应商。

（二）加快推进红色、绿色旅游，发展"无烟工业"

旅游业素有"无烟工业"之称，优点是资源消耗少、带动能力强、就业机会多、综合效益好，因此正逐步成长为国民经济的战略性支柱产业。江西旅游业资源优势明显，一是红色资源丰富，江西是一片神奇的"红土地"，以中国革命的摇篮（井冈山）、人民军队的摇篮（南昌）、共和国的摇篮（瑞金）、中国工人运动的摇篮（安源）、血染的丰碑（赣东北革命根据地）"四个摇篮、一座丰碑"等为代表的革命圣地，是中国红色文化中的璀璨瑰宝。二是生态资源丰富，江西森

林覆盖率列全国第二，江西省的庐山、三清山、龙虎山早已闻名海内外，婺源美丽的生态更是为海内外人士所仰慕。近年，江西旅游设施明显改善，旅游交通基础设施加速推进，连接主要旅游城市和重点景区的交通网络已经形成。为此，将旅游业作为主导产业发展是符合江西省省情的最佳选择，也是建设生态江西的重要组成部分。江西省要着力建设发展以"两大精品线路"为核心的现代旅游产业群，突出"红色摇篮、绿色家园"品牌和文化优势，大力开发湿地生态游、陶瓷艺术游、健身养生游、宗教朝觐游等产品，打造国内外知名的红色旅游目的地、生态旅游目的地和休闲度假目的地。未来江西省低碳生态旅游应是以人文和自然景观相结合为特点的特色旅游业。更加注重旅游六要素（吃、住、行、游、购、娱）的强化管理：①旅游餐饮，尽量使用本地食材，选取绿色有机食品，减少一次性餐具的使用；②旅游旅店，创建方便、舒适的低碳旅游旅店，应用节能技术，降低能耗；③旅游交通，景区内禁止机动车辆进入，改为旅游观光车、电瓶车、畜力车等代替；④旅游方式，以低碳为理念进行景区的开发管理，创建生态型景区；⑤旅游购物，尽量购买原生态商品，抵制包装太华丽、设计复杂的旅游商品；⑥旅游娱乐，尽量开发原生态、体现当地风味的旅游项目。

（三）积极发展文化创意产业，抢占未来新兴市场

随着信息时代的到来，文化与经济、科技进一步紧密结合、相互交融，在经济增长和社会发展中发挥着越来越重要的作用。创意产业拥有广阔的市场空间和巨大的发展潜力。在发达国家，随着工业化的发展和后工业化社会的进步，涵盖在教育和研发、文化、金融等众多领域的创意产业每天创造220亿美元的价值，并以5%的速度递增。江西省人文底蕴深厚，多年来赣文化经过挖掘、整理形成了传统商业文化、民俗文化、戏曲文化、展示文化、宗教文化、饮食文化等多个系

列，在陶瓷、铜业、中药和商帮等方面形成了具有浓郁地方特色的工商文化。红色文化、儒家文化、宗教文化拥有多处代表古都文明的物质、非物质文化遗产。江西省应积极推动文艺演出、娱乐休闲、文化旅游等传统文化产业以及软件信息服务业、数字广播影视业、数字动漫业、数字媒体与出版、数字艺术典藏、数字影音、数据服务业、远程教育、网络内容增值服务和移动内容增值服务等产业发展，形成区域差异化的核心竞争力。推动关联产品、衍生产品的商业化开发，通过产业链延伸，带动高端产业的规模化经营。在文艺、教育、广电、出版等相关产业链的决策、组织、制作、发行、培训等环节形成竞争优势。加快数字信息技术的渗透，积极推动文化创意产业的融合、转型和提升，大力发展工业设计、动漫产业、软件服务等产业。将江西历史文化内涵与现有旅游资源相结合，设计出具有吸引力的产品，加快文化与旅游的融合。充分利用全省各地创意园、动漫产业园、影视基地、设计平台等发展基础，促进和引导产业链条式发展，尽快形成产业链条长、集中度高、专业化水平高、科技含量高的产业集群。

（四）优先发展现代物流业，提高经济承载能力

物流业是发展潜力最大的新兴产业之一，该产业的发展加快了市场经济中原材料和商品的流转速度，给供应商、厂商以及销售商之间的经济往来带来了方便，同时还是国民经济发展的重要组成部分之一。江西省地处中部地区，承东启西，贯通南北，应充分利用独特的区位优势大力发展现代物流业，营造良好的投资环境，增强企业竞争力，加快城市化步伐，实现经济又好又快发展。根据国家物流区域布局，江西省为中部物流区域，南昌为全国区域性物流节点。综合考虑江西省交通格局、区域经济发展、城市规划以及与周边省市的相互关系等因素。构建以省会南昌为中心的高效便捷、功能完备、货畅其流、集散有序、布局合理的现代物流网络，围绕南昌、赣西、赣南、赣北、

赣东物流区域，形成江西省承东启西、沟通南北的大开放式物流框架。每个物流区域的主要中心城市建设地区性物流节点，依托物流区域和物流节点，重点建设一批综合性物流园区和物流中心，建设具有不同层次的专业化配送中心。加快建设不同功能的现代物流园区，着力把南昌建成全国区域性物流基地，把江西省打造成中部地区现代物流的主要枢纽。

四、进一步优化区域布局，统筹推进低碳经济发展

为了全面贯彻江西省委第十三届七次、八次会议精神，迈出"发展升级、小康提速、绿色崛起、实干兴赣"的新步伐，课题立足促进城乡一体化发展和提高产业集聚效应，主动适应和融入"龙头昂起、两翼齐飞、苏区振兴、绿色崛起"的区域发展格局，推动低碳产业在区域空间内合理布局。

（一）发挥南昌示范城市带动作用，领跑"绿色崛起"

南昌紧紧抓住国家低碳城市试点机遇，建设低碳生态示范城市，扎实推进国家低碳城市试点工作，强化低碳发展的能力建设。未来重点将从低碳产业、低碳能源、低碳交通等方面入手，构建低碳产业体系，优先发展绿色照明、服务外包、文化旅游等低碳优势产业。重点发展新能源汽车、现代物流业、航空制造、新能源设备、生物与新医药等低碳新兴产业。同时，降低黑色金属冶炼及压延加工业、化学原料及化学制品制造业、非金属矿制品业和造纸及纸制品业等高碳行业及重点耗能企业的二氧化碳排放，追求"绿色产值"。打造低碳生活示范区，推行"绿色办公"计划。加快建立与区域中心城市框架相适

应的轨道交通系统，创造条件引导市民选择低碳环保的出行方式，实施"城市慢行系统"和城市绿道建设。通过太阳能屋顶、太阳能路灯、立体花园、电动汽车充（换）电站、绿色建筑、垃圾分类等低碳设施布局，建设可视化低碳城市。着力打造南昌国家高新区低碳产业示范区、湾里区生态园林示范区、红谷滩新区生态人居与现代服务业示范区、进贤县军山湖低碳农业和生态旅游示范区四大低碳示范区域。依托鄱阳湖生态经济先导区，把城市沿赣江拓展至鄱阳湖，使南昌成为大湖与大城融为一体的低碳示范之城。同时，重点实施都市森林公园、都市绿色长廊、城乡森林板块、城郊生态绿化"四大工程"，增加森林碳汇总量，加强湿地保护和恢复，提高生态公益林生态补偿标准。率先掀起市民"低碳化"生活和消费的新时尚；率先推动"低碳化"公共管理与服务体系的建立；率先完善"低碳化"生产的标准和制度。

（二）强力推进昌九一体化，助力区域经济增长

南昌和九江地缘相接，一个是全省行政中心城市，集政治、经济、文化功能于一体，另一个是重要的门户城市，拥有 152 千米长江岸线的天然优势。据"十二五"规划，"十二五"末两市的经济总量和规模以上工业增加值都将达到全省的 40% 以上。推进区域升级，打造具有江西特点的开放型经济升级版，增强经济发展支撑力，继续深入实施鄱阳湖生态经济区建设和赣南等原中央苏区振兴发展两大国家战略，重点推进南昌打造核心增长极和九江沿江开放开发。未来昌九区域发展要按照"规划一体化、基础设施一体化、公共服务一体化和产业互补对接"的总方向，大力推进新型工业化、新型城镇化进程，"做强南昌、做大九江、昌九一体、龙头昂起"，加快形成多级支撑、多元发展的生动局面。与武汉城市圈、长株潭城市群、皖江城市带等长江中游城市群呼应，共同支撑中部地区崛起。

(三) 构筑"南北双星",巩固提升低碳发展承载平台

鄱阳湖生态经济区地处江西省北部,于2009年获批上升为国家战略。鄱阳湖位于长江中下游南岸,是我国最大的淡水湖,而且是四大淡水湖中唯一没有富营养化的湖泊,同时也是具有世界影响的重要湿地。在未来发展中,鄱阳湖地区既肩负着保护"一湖清水"的重大使命,又承载着引领经济社会又好又快发展的重要功能。在新的历史时期,从国家战略全局和长远发展出发,为积极探索经济与生态协调发展的新模式,建设好鄱阳湖生态经济区,是江西省的重大任务,也是我国大江大湖区域综合开发的良好示范。赣南等原中央苏区于2012年正式获国家批复上升为江西省第二个国家级战略,其所辖城市主要地处江西省南部,是赣江、抚河、闽江、东江的源头地区,赣州森林覆盖率高达76.5%,主要河流国控、省控、市控监测断面水质达标率均超过90%,环境空气质量优良率和集中式饮用水源地水质达标率更是达到100%,为生态文明建设和绿色崛起奠定了坚实的基础。围绕构建我国南部地区重要生态屏障的目标定位,加大水源保护和流域污染治理力度,进行东江、赣江源头生态补偿、生态保护与修复试点,加快完善生态补偿机制。优化配置环境资源,壮大绿色生态经济,促进生态优势转化为产业优势和经济优势。赣南等原中央苏区振兴规划对缩小南北经济发展差距,促使全省经济发展均衡化,为实现全面小康创造基础性条件,成为江西省南部兴起的一颗璀璨之星。而《鄱阳湖生态经济规划》的全面实施,通过将南昌打造成为全省核心增长极,支持推进九江沿江开放开发,也必将成为龙头昂起、辐射赣鄱大地的北部之星。"南北双星"互成倚重之势,构成江西独特的发展优势,缔造南北互动,以北带南、以南促北的共同发展平台,不断提升巩固全省低碳经济发展承载能力。

五、加大科技创新，促进低碳技术研发和产业化

坚持以科学发展观为统领，以科技创新为核心，强化人才培养和制度体系建设，加大技术性、知识性投资，重点瞄准低碳能源和低碳能源技术，积极开展研究开发和示范工作，以期在低碳经济上占领技术制高点。

（一）重点攻克关键技术，强化科技支撑能力

发展低碳经济的核心是发展低碳技术，重点围绕低碳新能源技术、节能减排技术、资源能源循环回收利用技术、固体废弃物安全处理等技术开展专项研究，确定适合江西省特色的低碳技术发展目标，找准攻关重点和突破口。

1. 节能与提高能效技术

在钢铁、有机硅、铜与铜加工、机械制造、陶瓷、冶金、水泥等行业，联合攻克低碳密度和高能效型的生产工艺、废弃物循环回收利用技术、废热回收与储存技术、高效热电转换技术等共性平台技术。加快研发绿色建筑设计技术、建筑节能技术与设备、供热系统和空调系统节能技术和设备、可再生能源装置与建筑一体化应用技术、新型建筑材料。加快研发低成本的自动照明技术、半导体发光材料及制品制备。

2. 新兴能源技术

重点攻克生物质能液体燃料、太阳能光伏发电、风力发电、页岩气等新兴能源利用关键技术，实现低成本、规模化和产业化利用。加快研发生物质能直燃、混燃和气化发电、热裂解液化技术和高效能源

植物。加快研发二氧化碳藻类转化技术和纤维素乙醇技术。以新能源汽车为龙头,加快研发电机、锂电池、超级电容和控制系统等关键技术。通过引进、消化、吸收再创新,重点攻克天然铀转化技术和第三代核电设备国产化相关技术。

3. 农村低碳技术

加快推广应用高效生物沼气工程、户用太阳能技术、先进的固体生物质能燃料燃烧技术、小水电代燃料技术。推广应用耕作制度节能、农业机械节能、农业投入品节约技术等。加快建设农村环境污染防控和综合治理、精准农业技术体系。积极研究林业固碳技术,大力发挥新技术在造林绿化中的作用,不断改善森林结构,着力提高森林质量。

(二) 加快搭建低碳发展平台,促进科技成果转化应用

创新低碳发展平台,是促进低碳产业发展、低碳技术推广、低碳项目对接、低碳行业交流的基础。

1. 建设专门的低碳技术成果转化平台

充分发挥科研院所、高校和企业的资源优势,建设以南昌为中心、全省联网的低碳技术成果转化交易服务平台,吸引国内外更多科技成果落户。大力鼓励产权交易、评估和咨询等知识产权中介服务机构参与低碳技术成果转化。

2. 构建多层次的低碳公共技术服务平台

推动各市县、各园区依托龙头企业和重点科研机构,构筑多层次的低碳公共技术服务平台,鼓励不同产业间技术互补、联合开发,促进优势产业与其他产业梯度合作,发挥龙头企业对中小关联配套企业技术"帮扶带"作用,为中小科技企业提供技术和设备服务。

3. 强化政府部门对低碳技术转化的引导

做到有效衔接科技供需,特别是加快新能源、新材料、节能环保等领域的创新技术和产业对接。建立高水平的低碳研发、测试、工程

化基地。加强政府投入,积极争取国家部委及央企的支持,建立若干高水平的研发、测试、工程化基地,如太阳能利用研发与测试基地、风能利用研发与测试基地、分布式发电与微网研发与测试基地等。

(三)强化企业自主创新能力,增强低碳发展自主权

1. 发展建立企业低碳技术创新研发平台

依托江西省一批国家和省工程(技术)研究中心、国家和省级企业技术中心、国家工程实验室和国家重点实验室,大力开展低碳技术研发,积极参与行业低碳技术参数和碳排放标准的制定,争取更多的技术发言权。实施企业研发能力建设系统工程,积极推动江西省企业新建一批企业技术中心、企业研发中心和工程实验室。鼓励和支持低碳领域跨国公司、国内大企业在江西省建立低碳研究开发中心,提高本土化研究开发与创新能力。

2. 提升产学研合作水平

支持企业与国内外高校科研机构、重点科研院所加强合作,探索合作新方式,如联合开发园区、共建产学研合作示范基地、经济实体等,共同推进核心技术攻关和关键共性技术研究。

3. 着力打造低碳创新企业群

在新能源汽车、智能电网、环保设备等领域形成技术集聚态势,壮大江西省低碳创新主体。

六、开展多层次示范,不断推进低碳试点建设

按照"点—线—面"模式推进,通过低碳技术集成,选择不同类型的城市、社区、行业进行低碳经济科技示范区试点和示范,通过可

复制的模式探索，最终实现整个区域的低碳发展。

（一）开展低碳县（市、区）试点

立足地区发展基础条件，选取南昌、赣州、九江等条件较好的城市作为低碳试点城市，先行先试，逐步推广低碳发展范围。借鉴发达国家低碳发展经验，积极探索具有本地区特色的低碳发展模式，率先形成有利于低碳发展的政策体系和体制机制，加快建立以低碳为特征的工业、建筑、交通体系，践行低碳消费理念，成为绿色低碳发展的先导示范区。

（二）开展低碳产业试验园区试点

依托开发区、工业园区、产业基地等产业园区，建设以低排放、清洁生产、循环利用为特征，以低碳能源、物流、建筑为支撑的低碳园区，采用合理用能技术、能源资源梯级利用技术、可再生能源技术和资源综合利用技术，优化产业链和生产组织模式，加快改造传统产业，集聚低碳型战略性新兴产业，培育低碳产业集群。

（三）开展低碳社区试点

结合国家保障性住房建设、城市房地产开发以及老城区改造等，按照绿色、便捷、节能、低碳的要求，开展低碳社区建设。在社区规划设计、建材选择、供暖供冷供电供热水系统、照明、交通、建筑施工等方面，实现绿色低碳化。大力发展节能低碳建材，推广绿色低碳建筑，加快建筑节能低碳整装配套技术、低碳建造和施工关键技术及节能低碳建材成套应用技术研发应用，鼓励建立节能低碳、可再生能源利用最大化的社区能源与交通保障系统，积极利用地热地温、工业余热，积极探索土地节约利用、水资源和本地资源综合利用的方式，推进雨水收集和综合利用。开展低碳家庭创建活动，制定节电节水节气、垃圾分类等低碳行为规范，引导社区居民普遍接受绿色低碳的生活方式和消费模式。

(四) 开展低碳商业、低碳产品试点

针对商场、宾馆、餐饮机构、旅游景区等商业设施，通过改进营销理念和模式，加强节能、可再生能源等新技术和产品应用，加强资源节约和综合循环利用，加强运营管理，加强对顾客消费行为引导，显著减少试点商业机构二氧化碳排放。研究产品"碳足迹"计算方法，推行低碳产品标准、标识和认证制度，制定低碳产品认证和标识管理办法，引导低碳消费。

第七章　加快江西省低碳经济发展的政策性建议

低碳经济的宗旨是建设生态文明、改善居民生存环境、改变经济增长方式、提高经济运行质量。发展低碳经济是构建社会主义和谐社会与全面建设小康社会的迫切要求。加快我国低碳经济的发展步伐，需要调动一切积极因素，充分发挥各地区各类经济主体的作用。我国在"十二五"规划纲要中提出与2010年相比，2015年我国要实现以下目标：单位GDP能耗降低16%、单位GDP中二氧化碳排放量降低17%、非化石能源占一次能源比重要达到11.4%等，并提出经济增速预期目标为7%，资源产出率要提高15%，要求合理控制能源消费总量。中央政府将"十二五"期间各项指标分解落实到了地方、部门和行业，通过统计、监测和考核体系，对地方、部门节能减排、碳强度目标和任务完成情况进行考核，并将其纳入政府绩效管理体系。"十二五"规划充分表明了我国积极应对全球气候变化、加快低碳经济发展的决心。在国际上，我国始终站在发展中国家的立场，致力于推动全球稳定、安全和繁荣的伙伴关系，积极探讨全球治理、可持续发展、金砖国家合作等。由此可见，"十二五"规划是立足于国际和国内两个大格局上进行统筹的，是实现可持续发展和积极应对全球气候变化的重大举措，对增强世界各国合作、积极应对气候变化具有重要意义

（程天权、杨志，2012）。

江西省作为经济发展相对落后、对资源依赖程度较大的省份，在发展低碳经济方面，有着自身独特的优势。在经济转型时期，要根据自身优势，构建适合自身特点的低碳产业体系，要以能源为基础、新兴产业为龙头，以低碳技术为支撑，构建现代低碳产业体系，以推动江西低碳经济发展。基于江西省低碳经济的特点，本章从政府层面、产业层面、企业层面和公众层面提出如何加快江西低碳经济发展的政策建议。

一、政府层面

（一）制定低碳经济发展战略

江西省应以建设资源节约型、环境友好型和节能减排为出发点，结合国家发展规划、能源规划、循环经济规划和节能减排规划，从以下几方面制定江西省低碳经济的长期战略和短期规划：

1. 综合运用土地、财税、信贷等政策

建立发展产业激励约束机制，通过科技扶持、财税、信贷等政策，推动低碳产业的发展以及低碳技术的开发和推广普及（傅志华，2010）。

2. 建立绿色国民经济核算考评机制

开展绿色 GDP 核算，研究核算方法，开展环境污染、水、森林、湿地以及生态破坏的成本等资源价值等核算，并纳入干部考核体系。开展环保效益评价的研究，建立低碳经济统计评价指标体系，形成可操作的低碳经济总体思路与实施方案，并率先在鄱阳湖生态经济区进行核算试点，建立落实环保责任，引导各级干部树立正确的政绩观——从单纯追求经济增长的观念转为注重生态与经济协调发展的观念。

3. 深刻认识到相关金融服务对碳资源价值的重要性

积极制定碳金融的发展规划，准确评估碳金融风险，根据低碳经济发展的原则制定相应的税收、投资、信贷等配套政策，开辟CDM项目的审批、投融资、税收等方面的绿色通道，营造有利于碳交易市场发展的有利环境（朱松丽、韩文科，2010）。

4. 积极引进低碳产业的龙头企业，建设一批重点项目，着力打造上下游生态产业链

充分发挥江西的比较优势，培育新兴产业市场，增强企业的国际竞争力，为低碳经济的发展提供强有力的支撑。

5. 建立产业分工引导机制，走低碳型工业化道路

发展低碳产业，建立限制高碳产业的市场准入的机制。制定城市圈产业发展规划，建立产业发展基金引导产业投资方向以及产业转移的利益共享和补偿机制。构建先进制造业、高新技术产业、现代服务业以及现代农业集聚区和产业高地。办好高新技术产业园区、现代服务业聚集区、文化产业集群，进一步优化产业结构，促进产业升级。

6. 江西省煤炭在能源消费中占据着主导地位，环境污染形势严峻

江西省要力求突破煤炭清洁利用的关键技术，促进煤炭的清洁生产循环利用，提高煤炭的能源使用效率。加大推广成熟技术以清洁生产机制（CDM）为基础，积极加强国际合作，引进先进技术，如碳捕捉和封存技术、能效的技术。培养企业自主创新能力，加快推动江西清洁煤技术产业化，以提高煤炭的使用效率（高颖飞，2011）。

（二）加强财政对低碳经济的支持

在财政预算安排中，应该重视对节能减排、清洁能源开发、低碳

技术研发以及低碳产业发展的投入，设立专项财政资金支持低碳经济的发展，为低碳经济的发展提供资金保障，强化财税政策的激励及约束。具体做法如下：

（1）通过财政补贴对稀缺资源进行有效保护，引导和鼓励企业厉行保护环境和节约资源（陈新平，2010）。

（2）对企业治理环境的费用进行适当补偿，健全完善对企业参与低碳经济发展的财税奖罚政策。

（3）制定促进低碳技术发展的税收激励政策，加快研究开征环境税、碳税等环保税种，确保环境资源的有偿使用（万莎，2010）。

（4）在政府采购中制定完善低碳采购制度，加大对环保节能产品政府采购的支持。

（5）设立碳基金以鼓励技术创新，推动低碳技术的普及，开拓和培育低碳技术市场，促进长期减排。碳基金主要投资于三方面：首先，推动低碳技术的研发；其次，加快低碳技术的市场化；最后，起到孵化器的作用。碳基金模式目前一般由政府出资为主，应该尽量拓宽资金筹集渠道，并按照商业化模式进行运作（徐旭，2010）。

（三）完善低碳经济的法制机制

完善相应的管理体制和政策体系，为低碳经济的发展提供制度、法律保障。2007年，美国为了使低碳经济的发展有法可依，提出了低碳经济法案。我国在该领域也制定了多项法规，为低碳经济的发展提供了有益的法律保障，但是地方的相关法规却相对滞后。由此，江西省从以下方面建立相关的发展低碳经济的法规：

（1）限制高碳产业，根据产品的性质分类制定法规，包括绿色采购法、电器回收法，推进节能降耗，制定节能降耗约束性指标，提高能源使用效率。

（2）对高耗能设备制定强制节能标准，严格制定环保产品准入制。

（3）对江西各区域制定温室气体总排放标准的上限分配给各部门和企业，并将各部门和企业的相关配额数量列出清单（刘春玲，2011）。

（4）健全碳金融法律框架，指导金融机构合理地开展碳金融业务，规范碳金融监管机制，出台相关的风险控制指标以及制定防范风险的相关制度，加强对碳金融业务风险分析的指导，用法律法规来保障碳金融市场的规范化（曾刚、万志宏，2009）。

（5）健全生态环保长效机制。健全跨界污染联合治理机制和污染事故应急处理机制，严格执行重大环保事故责任追究制度。逐步建立城镇污水、垃圾处理市场化运营和监管机制。强化环境影响评价制度、环境准入和污染物排放标准的约束。

（6）通过碳税立法促进居民生活方式低碳化。建议通过构建合理的碳税制度，加大居民高碳生活的成本，从低碳化居住、城市交通、城市公共设施和城市低碳社区的建设方面着手，引导居民生活方式的低碳化。

（7）通过碳税立法完善碳交易市场。碳交易市场机制的建立对江西省低碳城市的建设有着重大的意义。建议通过建立发达的碳排放交易信息网络，使节能减排技术得以更快地传播和运用。随着碳交易及其市场体系的逐步完善，能够发挥引领以专业化服务为特点的新兴产业发展的作用。因此，充分利用市场机制在提高资源配置效率方面的优势，发掘专业化中介服务的潜力，能够有效促进我国低碳城市建设（张梓太，2010）。

总之，严格实施监管、明确职责，使低碳技术的引进开发、低碳产品的认证管理有章可循，以使江西省的低碳经济朝着健康方向发展。

（四）推行低碳经济示范区建设

江西要加快发展低碳经济，就必须推动低碳经济试点的建设，积极打造低碳经济发展区、低碳工业园区，在建筑、电力、冶金、石化、交通、化工等能耗高、污染重的行业率先进行试点工作，作为江西省探索低碳经济发展方式的重点区域。在鄱阳湖生态经济区和新能源基地进行试点，创建具有特色的低碳文化品牌，充分发挥城市的辐射作用，以带动全省低碳经济的健康有序发展。

江西的低碳产业尤其是新能源产业已形成产业集群的雏形，应把握低碳产业发展方向，发挥优势、集成发展、扩大覆盖。在现有高新技术工业园区加大建设低碳技术试点，采取财政、税收、金融等优惠政策吸引国内外低碳技术和低碳产业的资金进入，改造或淘汰高投入、高污染、高耗能和低效益的产业（安国俊，2010）。在能源、化工、建筑、交通等高耗能和高污染行业率先进行试点，从生产、建筑、交通等领域制定和落实相关的节能税收政策，发挥对高碳产业税收政策限制。此外，还要加大对节能环保的支持，积极发挥对低碳产业集群的税收扶持政策，对公共建筑及居民建筑进行节能改造，重点扶持新能源产业基地的发展以及节能减排的科技创新（杨坤，2011）。

（五）完善环境税收体系建设

综观各国的环境税收制度，发现目前环境税收制度的设计尚没有统一的标准，基本上是各国结合自己的具体情况而设计的，在部分发达的国家和地区，碳税是作为能源税的一部分进行征收。我国在进行环境税收制度设计时，应充分考虑能源结构、碳税的预期影响、纳税人的承受能力、矿产资源和能源等生产要素价格形成机制的完善程度、政府的征管水平以及国家环境税收体系建设和各税种的宏观布局等因素。

当前江西省的城市建设中普遍存在着碳排放的问题，如规划既不统一也不连续，盲目、重复建设等，这些问题的解决有待运用环境税收手段，促进城市群空间的科学合理配置。在城市交通问题上，运用环境税收杠杆,调控不同规模城市交通体系的设置,将低碳要素嵌入城市规划之中,为城市发展从源头上进行减碳创造条件。要结合江西省环境税收体系建设和税制结构的调整,按照有增有减的税制改革原则,以增值税转型和资源税改革所形成的税负空间为限开征碳税,基本保持税收收入中性。

1. 完善现行碳税体制

适时开征碳税是控制温室气体排放的有效手段之一。引入碳税不仅能起到保护环境、减少碳排放的作用,而且能弥补我国税制在能源与环保方面的不足。碳税的征税对象可以选择燃煤和石油下游的汽油、柴油、航空燃油、天然气等化石燃料产品,以能源的含碳量为计税依据,采用定额税率形式,同时考虑不同燃料的比价、不同行业燃料的成本等因素制定差别税率。由于能源供应具有产业集聚性、垄断性和地域性,碳税可考虑根据生产环节征收,减少交易成本。开征碳税的目的是保护环境,而不是增加税收收入,要确保碳税的税收中性,增加碳税的同时应适当降低其他税种的税负,使纳税人的总体税负保持平衡。为此,可以通过增值税、资源税和企业所得税的减免税优惠降低税负,或者通过税收返还、补贴等方式将碳税收入用于环境保护、低碳技术补贴和低碳投资补贴(钟锦文、张晓盈,2010)。

由于碳税作为一种政府管制碳排放的手段,和碳交易工具一样,都是运用经济手段以达到低碳减排的目的,两者是相辅相成的。如果没有各地政府碳税征收的压力,碳交易的市场也就缺乏推动力。由此,江西省有必要探索出对二氧化碳排放征收规定,通过对燃煤、航油、天然气和石油及下游的汽油等化石燃料按其碳含量进行比例征税,以减少化石燃料的消耗和二氧化碳排放,实现低碳及环境保护的目的。当前,在环境政策工具的运用中,我国依旧依赖行政手段,成本高,执行效果差,且容易干扰市场竞争,激发社会矛盾。而在环境经济手段中,现行自然资源和污染产品的税负不能有效体现环境成本,排污收费存在执法刚性不足、地方政府和部门掣肘等弊端。

目前国家有关部门已将《中华人民共和国环境保护税法（送审稿）》送达钢铁、电力、有色金属、煤炭等"两高"行业的相关协会，作为取代现行排污收费的新税种，环保税将二氧化碳排放税（简称"碳税"）纳入其中，污染物排放税税（费）率有所提高，且与现行排污费相比有以下特点：首先，在税负水平上，环保税能够促进企业改变以往宁可缴排污费也不愿治理污染的状况；其次，在排放因子上，加大了环保力度，将现行排污费对每个排污口只选择3项排放因子征收增加到了5项；最后，相关部门配合更为密切，环保部门只对排放应税污染物的种类、数量认定负责，而环保税则由税务机关负责征收。

《中华人民共和国环境保护税法（送审稿）》中环保税的具体适用税率，由国务院和省级人民政府依照《环境保护税税目税率表》确定。一方面，将碳税纳入环境税中，将煤炭及煤炭制品、汽油、焦炉煤气、燃料油、原油、柴油、天然气、液化石油气、其他化石燃料等纳入了征税范围；另一方面，对主要耗能行业，采用减排、回收二氧化碳技术的企业，可以减征碳税，纳税人采用碳捕集与封存等技术并实际减少二氧化碳排放的，可在碳排放量中扣减碳减排量。

以上法规的出台进一步指导着江西低碳经济的发展，江西必须从以下几方面着手落实碳税制度的实施，以更好地推动低碳经济的发展。

（1）完善增值税制度。对利用清洁能源生产的无污染产品采取减免增值税或即征即退政策；对符合低碳要求的机器设备与产品实行减免优惠和税收返还政策；对废旧物资回收经营单位实行增值税减免优惠政策；对液化气、天然气、非清洁能源和居民用煤等不可再生产品实行17%的税率；对利用太阳能、风能、生物质能等可再生能源的产品实行13%的税率。

（2）调整消费税的征税范围和税率结构。适当扩大消费税的征税范围，调整消费税税率，将污染环境的消费品，如一次性用品、不可回收、不可再生的物品纳入征税范围;将消耗匮乏资源的产品纳入征税范围;对汽油、柴油等国家战略物资实行高税率;对高耗能享受型的交通工具实行高税率,对节能环保型汽车实行低税率。

(3) 强化对低能耗、低污染项目的企业所得税优惠。对从事符合条件的环境保护、节能节水项目所得,除享受减免税优惠以外,减按15%的税率征税;对企业综合利用资源,符合国家产业政策取得的收入,加大优惠力度;对企业购置并使用环保、安全生产、节能节水等专用设备,加大税额抵免力度,允许其采用加速折旧法。

(4) 改革资源税的计征方式,扩大征税范围。完善资源有偿使用制度,将不可再生资源及需要保护的草场、湿地、森林、海洋、水资源、土地、原煤、黑色金属矿、有色金属矿和非金属矿等纳入相应的征税范围;税收优惠的重点在于鼓励资源节约,制定优惠措施,在于鼓励资源回收利用和技术创新,提高资源开采和循环利用率等。

(5) 调整关税税率。鼓励企业对产品实行技术转型升级;鼓励节能降耗、关键零部件等产品进口,对环保节能设备、可再生能源以及获得低碳标志的产品进出口给予关税优惠;对高污染、高耗能、资源消耗性产品的出口征收高关税。

总之,要结合我国环境税收体系建设和税制结构的调整,按照有增有减的税制改革原则,以增值税转型和资源税改革所形成的税负空间为限开征碳税。

2. 健全独立的环境税种

环境税也称环境保护税、污染税,指为了筹集环境与生态保护的资金及控制污染而征收的税,即一切基于环保目的而征收的税收或税收措施。如生态保护税、产品污染税、污染行为税、自然资源税和能源税、增值税等税收,以及税收减免、差别税率、加速折旧等税收优惠措施。

由于我国各级政府长期以来在财政和税收工具的应用中,一向更为注重财政支出这一调控工具,而对税收的调节作用不够重视,使得地方政府迫于就业的压力,对使用落后的工艺装备、资源利用率低、环境污染重的中小企业视而不见,甚至热衷于见效快的重化项目,在财政困难县乡一级表现尤为明显。

因此,将开征的碳税、二氧化硫税等污染税作为地方税,专项用于污染治理和环境保护。也就是说,环境税收体系建设中的碳税开征,使得在推进节能减排过程中,能够给予地方政府充足的财力支持,对保证江西各级政府节能减排目标的顺利实施,实现江西经济在新时代的巨大跨越有着积极的意义。

(1) 加强税收调节作用,平衡税收和财政职能。碳税立法是为了控制碳排放以应对气候变化,而环境税立法则是为了控制环境的污染。因此要结合环境税收体系的构建,加强税收调节作用,平衡税收和财政职能,以发挥协调调控作用。

(2) 建立以污染税为主的环境税收体系,科学确定税率,将现有的排污收费改为对污染的征税,促使企业自觉治理污染。对排污收费制度进行改革,将二氧化硫费改为二氧化硫税,对大排放源定期进行检测,根据检测数据计征税额,对小排放源根据所用燃料的含硫量计征税额。在开征碳税、二氧化硫税的基础上,研究开征能源税、固体废弃物税、水污染税等,通过开征新的污染税达到完善现行税制的目的(张晓盈、钟锦文,2010)。

(3) 对消费者个人征收污染税或资源浪费税。从工业企业的污染征税延伸到对消费者个人的排污或资源浪费行为收取税费。对居民使用的电力、自来水、液化气、天然气等实行阶梯价格,以提高能源利用效率,逐步完善以污染税为主体,以企业所得税、增值税、关税、资源税、消费税等为辅的环境税收体系(张晓盈、钟锦文,2010)。

3. 完善能源及资源税的相关法规

能源税也称能源燃料税,概念较为模糊。大致可以理解为一切与能源有关的税收，包括燃油税、石油、硫税、能源消费税、碳税、资源税、能源增值税等。而资源税是指对自然资源的开发利用所征的税，主要是对于森林砍伐、矿山开采、渔业捕捞等，是处于生产环节的税种，而非消费环节的税种。目前，资源税的目的更多是在于调节级差收入，比如优质矿山的资源税高，劣质矿的资源税要低一些（张梓太，2010）。

我国从20世纪80年代以来，能源立法工作取得了较好的成绩，如《煤炭法》、《电力法》、《节约能源法》、《可再生能源法》等法规已相继出台，在一定程度上使我国能源领域走上了规范化、法治化的轨道。但由于我国的能源概念界定还不够清晰，且覆盖面不宽、不太具备可操作性，这就需要各地区在具体操作的时候，通过能源领域相关税收体系进行补充完善以弥补其不足。

（1）税率的设计采取渐进的方式。在完善能源税制体系的过程中，如果仅考虑碳税的效果，税率就会停留在一个较高的水平，但较高的税率，会对宏观经济和能源密集型产业造成较大的影响，对我国的经济增长以及行业竞争力都会有负面效应。因此，税率的设计要使纳税人对征税产生积极反应，使税负足以使纳税人有足够的时间做出自己的行为选择，在较低税负的情况下不断调整能源消费行为，缓解碳税对宏观经济和相关产业的冲击，增强企业的适应能力和竞争能力，降低社会的抵触情绪（张晓盈、钟锦文，2010）。

（2）健全合理的税收减免返还机制。应根据江西省的实际情况，对受资源税影响较大的能源密集型行业，健全合理的税收减免返还机制。但是，享受税收减免返还优惠的企业必须具备相应的条件，要求其与政府签订降低能源消耗、提高能源使用效率的相关协议。

（3）能源税的征收还应同其他化石能源税种进行相互协调，促进可再生能源和替代能源利用。对可再生资源进行直接补贴，以能源使用效率的技术和碳增汇技术不断研发和推广，增强江西省参与国际的竞争力，保证在参与新一轮全球低碳经济的同时，减少国际贸易上的利益损失，开启江西省低碳经济之门。

（六）构建完善的碳交易市场

我国拥有巨大的碳排放资源，是世界低碳产业链上最大的供给方，碳减排量已接近世界的1/3，是CDM项目最主要的供给国。由于减排已经成为一种国际趋势，国际市场的发展前景广阔，而对于主要参与方的中国来说，CDM项目也同样有着广阔的市场前景。《京都议定书》签订以来，环保衍生品已成为西方的新兴交易品种。在国家发改委的支持和鼓励下，"中国低碳联盟"于2013年6月17日宣布成立，联盟成员包括中石化、万科等知名企业以及阿拉善SEE生态协会等民间组织。由于碳交易的"准金融属性"，使其成为了具有投资价值的金融资产。目前我国已成立了以北京环境交易所、上海环境交易所和天津排污权交易所为主体的碳交易中心，而这些交易所主要是基于项目的交易，并非标准化的交易合约，与发达国家的碳交易市场差距较大（杨坤，2011）。全国首个碳排放交易平台——深圳碳交易市场已于2013年6月18日正式启动，深圳碳交易市场将大型建筑物纳入碳交易板块，也就意味着如果未来碳配额不足，就需要购买碳配额。

由此，江西省要积极融入国际国内的低碳经济大环境，需要认真研究碳交易市场机制的国际经验，预先建立完善的碳交易制度，为构建和完善江西省的碳交易市场、形成多层次的碳交易市场体系、丰富市场结构和规模作适当的准备。适时推出一系列碳交易金融衍生工具，同时加快构建江西省的国际市场碳交易平台，逐步提高江西省碳交易市场的规范化水平，以进一步提升国际竞争力，真正实现江西的进位赶超，绿色崛起。

建立统一的碳交易市场，推进碳排放权的交易制度。一方面，政府部门在对污染物进行总量控制的前提下，政府通过招标、拍卖等方式，将排污权出售给企业，使企业的排污权能够有偿获得，也使企业能够通过减排而获得经济收益，以约束排污企业的污染排放、提高企业环境污染的成本，可将企业排污的外部性约束转变为内部激励。另一方面，在完善碳交易规则和配套的监管机制的同时，将碳排放权交给市场进行交易，碳交易的主体也应从排放大户尽快覆盖到中小企业。推广碳交易市场化的范围，通过市场交易而有偿取得排污权的企业，会更加珍惜有限的排污权并减少污染物的排放，同样还能从减排中获益，激发企业自愿采取节能减排行动，同样也可激励企业推动节能减排技术的不断创新（杨坤，2011）。

（七）完善低碳产业发展机制

江西经济发展存在着对煤高度依赖、清洁能源使用比率低的客观情况，应加强管理体系，创新产业结构优化升级机制，引导激励各经济主体参与低碳减排、开发利用可再生能源的积极性（刘丁有、代进荣，2013）。

1. 创新能源环保（Energy and Environment Technology，EET）产业发展机制

低碳能源是低碳经济的重要基础，新能源与环保产业是推动低碳经济发展有效保障。以南昌市为中心的城市群，向鄱阳湖生态经济区的周边城市辐射，大力发展以生物质能、太阳能光伏、风力发电、半导体照明、电力、环保、节能设备、水环境等为重点的EET产业，加大财政税收的扶持，并通过有效的资本运作，扶持培养一大批EET骨干企业，力争使新能源产业与环保产业发展成为江西的支柱产业。

2. 推进绿色金融发展的机制体制创新

首先，创建低碳环保政策性银行，建立并逐步完善"绿色信贷体系"；其次，成立专门的碳减排环保基金，发行"生态基金"产品；再次，推广"绿色保险"产品，开展巨灾风险证券化试点；最后，开

展"绿色"金融产品创新,试验"绿色金融衍生产品"(刘传江,2010)。

3. 推动能源合同管理(Energy Management Contracting, EMC)的机制创新

实行准入制度,规范 EMC 机构进入节能改造市场的资质要求,推动节能产品认证和能效标识制度的实施,对低碳产品认证和标示实施标识管理。目前江西省的能效指标评价体系不够完善,因此要加强能效标示、完善审计制度,制定和完善设备能耗、照明、家电、机动车等能效标准,强制淘汰高能耗产品。

4. 调整能源结构,发展可再生能源

江西省必须加快从以传统煤炭为主转向以石油和天然气为主要能源的结构转变,降低煤炭在能源结构中的比例以减少碳排放。在农村和小城镇利用太阳能、风能、沼气、核能、生物质能、氢能、燃料电池等,形成一条完整的能源产业链,降低能源消耗,提高能源利用率,最大限度地降低二氧化碳的排放,实现经济的可持续发展(高颖飞,2011)。

二、产业层面

当今世界各国都在探索低碳经济的发展模式,但至今仍未找到成熟的、可以复制、普遍适用的有效模式。江西省发展低碳经济必须结合省情,有序推进,分步实施,选择适合江西省低碳经济发展的有效路径,才有可能实现经济发展与环境保护的双赢。针对江西省"缺油少煤乏气"的特点,应在调整产业结构同时着力调整能源结构,加快建立以低碳工业、低碳农业和低碳服务业为核心的新型经济体系,应

大力引进天然气等低碳能源，同时支持发展光伏、风能、生物质能和核能等清洁能源（刘丁有、代进荣，2013）。

（一）培育低碳产业集群

低碳经济具有较长的产业链，产业效应较为显著。由于低碳经济的发展是一个复杂过程，涉及众多行业，必然会带动相关产业的发展，围绕低碳产业形成的行业配套或其他服务的行业聚集起来，也会促进低碳经济产业集群的形成。在江西省经济由"高碳"向"低碳"转化的过程中，需要使用大量的新技术，新技术的应用不仅会实现对传统产业的改造，促进其升级换代，而且还会催生一批新兴产业。而低碳经济发展带来的结构优化和产业外延，又会带动江西省经济总量的扩张和结构的调整，进而提高经济运行的质量和促进经济增长方式的转变。所以江西省还应努力推动经济结构的调整和优化升级，大力发展高新技术产业、信息产业、IT产业等。以高新技术经济开发区为基地，积极开发生物、电子信息、新材料、新医药、新能源等重点领域的高新技术，加速低碳产业集群形成（李卓霖、董锋，2013）。江西省要适应区域经济发展要求，根据当前的鄱阳湖生态经济区产业发展现状和低碳经济建设要求，以传统优势产业为依托，突出特色、严格准入，以工业园区为平台、以骨干企业为依托，按照梯度分工、优势互补的原则，优化产业的空间布局，构建区域内合理的产业分工合作体系，推广循环经济发展模式，合理配置使用资源，推进节能减排降耗，着力增强自主创新能力，积极发展具有较强关联带动作用的低碳产业集群，实现区域间的产业和经济的协调发展。

（1）在鄱阳湖生态经济区产业整合过程中，南昌作为中心城市和核心增长极，要充分发挥综合服务功能，成为要素和信息的集结与配置枢纽。通过低碳产业集聚，在提升南昌中心城市综合经济实力的基础上，发挥扩散功能，带动具有竞争优势的低碳产业的发展。建立一系列的中央商务区、休闲区、物流园区、旅游观光区等低碳经济产业集聚区，周边其他城市则要以特色产业和劳动密集型产业为主，承接南昌市的产业延伸。

（2）要按照产业上下游分工，发展产业链。鄱阳湖生态经济区在选择主导产业时，要按照分工协作、集中与分散相结合的原则，按照产业上下游分工，充分发挥自然、地域、人口等优势，促进商品的流通，加速区域经济一体化的进程。

（3）要进一步提高低碳技术在第二产业的广泛应用，以提高能源利用效率，控制碳排放，同时要不断向服务业外延扩大，提高服务业在第三产业中的比重，促进现代服务业低碳产业集群的形成。

总之，要以资本为纽带，以企业为主体，构建生态产业链、生态价值链，发展低碳产业集群，延伸上下游产业链，形成要素互补、产业配套、城市分工合理的低碳产业集群（李卓霖、董锋，2013）。

（二）加快低碳农业的发展

全球温室气体排放总量中农业温室气体排放占到12%，相当于150亿吨的二氧化碳。农业中氮肥所排放的甲烷和氧化亚氮则是温室气体的主要根源，采用生态农业体系可减少80%的农业温室气体排放。首先，要极力提倡低碳农业减少化肥的施用，推广以测土配方、保护性耕作为主的新技术，提高土壤有机质含量；其次，大力发展农业循环经济，延长上下游产业链，科学利用农副产品及农业、畜牧业的有机废物，用新技术推动低碳农业的发展，变废为宝，采用生物肥料及沼气发电；最后，鼓励发展有机农业，提高农产品市场竞争力。

农作物对吸收温室气体、促进碳循环起着极为关键的作用，而江西省是一个农业大省，大力发展低碳农业对低碳经济的发展有着积极的作用。发展低碳型现代农业要从以下几方面入手：

（1）尽量减少农药化肥的使用，走生态农业之路。通过免耕以保存土壤中碳的含量，同时还减少了农机的使用数量；通过减少燃烧化石燃料以减少二氧化碳的排放；将秸秆做肥料以减少对化肥等高碳肥的使用，并提高土壤使用效率。目前美国的秸秆田间使用率接近90%，中国却只有15%左右。假如江西省秸秆田间使用比率能达到80%，江西省农田的碳平衡状况将会得到完全扭转。

（2）推广沼气技术。对于农业大省的江西，发展低碳农业的有效途径之一就是推广沼气工程，如采用"猪—沼—果"等模式。沼气是农业废弃物和畜禽粪便发酵产生的，也是一种可再生的能源，可用于生活燃料；沼液可以作为农药使用；沼渣可以作为化肥使用。沼气技术的推广不仅可减少对化石燃料的消耗，减少温室气体排放，还可以减少对电能的消耗，增加农民的收入，并改善农村的生态环境。

（3）江西要用现代经营模式发展农业，先进的装备武装农业，科学技术改造农业，大力发展安全、优质、高产、生态、高效的生态农业。进一步提升国家粮食主产区的地位，执行严格的耕地保护制度，不断提高粮食耕种面积。加大农业基础设施和土地改造的投入，提高优质稻谷生产能力，重视农田水利建设，实施土地整治工程。落实国家支农惠农政策，完善各项粮食补贴制度，加大对粮食主产区的财政扶持及奖励力度。

（4）大力开发绿色生态有机农产品。依托江西独特的资源条件和生态优势，大力推广"猪—沼—果（粮、鱼、油、菜）"生态农业发展模式，重点开发特种水产、有机绿茶、特色果业、无公害蔬菜、食用菌、优质生猪和水禽等具有地方特色的绿色、无公害、有机农食品。建立规模化的绿色食品生产基地，加大品牌整合力度，建立特色资源农产品的标志登记，构建具有竞争力的江西绿色食品地域品牌，强化农产品商标保护，培育一批具有竞争力的以及鄱阳湖地域特色的绿色农产品知名品牌。

（5）推进农业产业化经营。建立以"企业＋合作组织＋基地＋农户"为主的农业产业化经营模式,完善农企利益联结机制。做大做强龙头企业,完善绿色食品的上下游产业链,培育优质农产品出口基地,提高农产品深加工能力,以增加其经济附加值,提高农业综合效益,进一步提升江西的区域竞争力。

(6) 完善生态农业服务体系。加强基层农技推广,加快培育适应区域化、专业化、规模化发展要求的农民专业合作组织和农技推广服务组织;培育良种、研发生物技术、有机农产品、节水增效、疾病防控、增产栽培等的科技创新和推广应用。加快制定江西省生态农产品基地的生产、加工、包装、储运等的生产规范和技术标准,完善农产品质量安全检测体系。推进江西农产品的批发、物流、销售网点的建设,加快形成流通成本低、运行效率高的农产品营销网络。

(三) 培育新兴环保产业为主导

2013年8月,国务院印发《关于加快发展节能环保产业的意见》(以下简称《意见》) 明确提出产业发展目标和重点发展领域,并推出了多方面具体支持政策。"作为一个政策带动性较强的产业,节能环保屡屡得到高层重视,成为拉动国内有效需求,推动经济转型升级的一个重要选择。"国家发改委环资司副巡视员冯良表示,节能环保产业是指能够为节约能源资源、发展循环经济、保护生态环境提供物质基础和技术保障的产业,是国家加快培育和发展的7个战略性新兴产业之一。节能环保产业主要涉及大气治理、固废处理、污水处理、生态修复以及合同能源服务等子行业或方向。根据《意见》,"十二五"期间需重点发展的四大产业领域包括:节能产业、资源循环利用产业、环保产业、节能环保服务业,并明确"十二五"期间的发展目标,即节能环保产业产值年均增长15%以上,到2015年,节能环保产业总产值达到4.5万亿元,增加值占国内生产总值2%左右。

江西省能源消费结构中煤炭比重偏高是影响江西低碳经济发展的

严峻事实，而碳排放正是主要来自化石燃料。江西省要解决对煤高度依赖的现状，必须以国家大力发展环保产业的政策为导向，重点发展节能、资源循环利用、环保、节能环保服务等产业；走新能源的开发利用之路，使其成为未来能源的主体结构；在推动发展新能源、新环保、新材料、生物医药、新型装备制造业等战略性新兴产业时，必须将新能源、环保产业作为发展低碳产业的突破点，合力打造低碳产业集群发展。具体如下：

（1）大力开发煤气化技术，优先发展节煤节电产业，鼓励采用低污染、高效率的燃烧、清洁使用煤炭、石油等能源的新技术，以保证煤炭石油等能源的安全供应。

（2）发展太阳能、核能、风能、生物质能等新能源产业，重视培育生物质能发电、太阳能光伏发电、核电以及气体、液体、固体燃料等技术的研发。

（3）积极开发碳汇技术。碳汇是森林吸收并贮存二氧化碳的能力，所以增强碳汇是减少二氧化碳相对经济且有效的途径。江西省森林、农作物、水草等绿色植物众多，碳汇潜力较大。首先，在提高森林覆盖率的基础上，要加强农村及城市的绿化工作，进一步加大鄱阳湖湿地和耕地保护及自然保护区建设，扩大环境容量，增强碳汇能力；其次，着力打造林业科技产业园，鼓励碳汇研究和碳汇造林，培育二氧化碳吸收率高的植物品种，努力探索二氧化碳吸收率高的造林模式。

（4）大力开展植树造林以增加森林碳汇。根据测算，1立方米林木每年可吸收二氧化碳1.83吨，释放氧气1.62吨。因此，植树造林与工业减排相比，具有投资少、代价低、效益高等优点。也就是说发展林木业，既可以达到减排的目的，又能促进农民增收，实现环境保护与发展经济的双赢。所以要抓好生态林工程建设，实施退耕还林、天然林保护、绿化通道等生态工程，构建效益明显、布局合理的林业生态体系，进一步促进碳贮存和吸收的高效利用（高颖飞，2011）。

（四）以传统产业向低碳化转型为基础

目前，江西省以传统重型经济为主的实体经济在国民经济中占重要地位，经济增长主要依赖钢铁、煤炭、化工、电力、水泥等传统产业，而这些产业具有明显的高碳特征——需要消耗大量的能源的同时又排放出大量的二氧化碳。在江西省经济转型升级的关键时刻，既要引入新型的低碳产业，也要对传统产业实施低碳化改造。一方面，要改造传统产业，促进资源禀赋与高能耗产业有机结合，使其转型升级向低碳方向发展，以达到高效、循环利用资源的目的。另一方面，要减少对传统产业的依赖，不断优化产业布局，积极发展资源回收利用的静脉产业，大幅度减少资源消耗，扶持高碳产业向低碳转化，促进产业竞争力的提高，提高市场环保准入标准，抑制高耗能、高污染行业，逐步淘汰落后产能，实现江西省经济向低碳化发展。具体做法如下：

（1）大力发展低碳工业，工业低碳化是以低能耗、低污染、低排放为基础的生产模式，是建设江西省低碳产业的核心。一方面，淘汰落后产能和技术装备，实现产能优化；另一方面，通过提高能耗行业准入门槛、差别电价、提高土地使用成本等措施，加快淘汰落后产能，制定严格措施，坚决淘汰小钢铁、小化工、小造纸等高污染企业。

（2）引导传统产业向低碳产业链延伸，逐步降低高碳产业在国民经济中的比重。一方面，目前江西省自主创新能力不足，传统产业仍处于产业链低端，应重视技术创新开发，推动产业链向上游研发自主知识产权延伸；另一方面，产业链向下延伸至地域品牌和营销网络服务。制定江西省地域品牌并实现品牌的扩张，进一步推动低碳产业的发展。

（3）推广低碳化建筑业。建筑物能耗占总能源消耗的40%，因此将低碳理念融入建筑产业中，推广应用低碳建筑技术，完善建筑节能业的相关规定,将粉煤灰、钢渣、煤矸石、电石渣、磷渣等工业废渣充当建筑材料,以节约建材的能耗,减少能源损耗(李卓霖、董锋,2013)。

(4) 要加快用新型的节能灯取代传统的白炽灯。江西省必须尽快完成从白炽灯到节能灯的转换。我国是一个白炽灯的产销大国,白炽灯产量超过世界的1/3。目前正在推行"绿色照明工程",努力淘汰白炽灯,但淘汰速度还是远远落后于世界平均水平。综观世界发达国家淘汰白炽灯的时间表,澳大利亚是世界上第一个禁止使用白炽灯的国家,2009年,澳大利亚全面停止生产白炽灯,并规定在2010年禁止白炽灯的使用;欧盟规定其27个成员国从2009年9月1日起,不许销售100瓦的白炽灯,还要求白炽灯必须在2012年9月退出市场;美国《能源独立和安全法案》规定,从2012年1月到2014年1月,美国将以节能灯泡取代白炽灯,淘汰40瓦、60瓦、75瓦及100瓦的白炽灯。这些都对传统灯具业产生了巨大的冲击,但也孕育着无限的商机。江西省传统的灯具厂商必须顺应经济发展的步伐,加快产业升级,尽快向LED灯具的生产转化。

(5) 重视利用网络载体支撑低碳经济发展。离开空间网络载体就不可能建设低碳城市,更谈不上低碳经济的发展。所以江西省要形成以互联网、物联网为基础,电子商务和物流为中心,金融网络密切交织的自组织、自运转、自繁衍的产业组织形态。一方面,建设完善的环境监测信息体系,为推行低碳经济提供技术支撑;另一方面,改变传统生产销售方式,鼓励网络营销,降低运输、库存、营销成本,提供营销代理、信息咨询和金融服务,以减少碳排放量,实现资源和能源共享、环境共建及生态共同维护(程天权、杨志,2012)。

(五) 以发展现代服务业为重点

现代服务业具有能耗低、污染小、就业容量大的特点。据测算,服务业单位增加值能耗仅为工业的1/7,碳密度大约是能源行业的1/10,

服务业发展既能提升产业层次,又能降低国民收入的单位能耗。江西省要减少经济发展对工业的过度依赖,就必须加快发展第三产业,改造传统高耗能工业,加大政策支持力度,全面提升低碳产业的发展水平。

(1) 加快发展社会性服务产业。积极培育、扶持节能环保服务业和机构发展,促进特色低碳产业和现代服务业发展;大力推进环保技术研发、环保产品经销、环境工程、环境保护技术咨询;积极培育环保产品市场、环保技术市场、环保人才市场、环保资金市场,促进生产要素的合理流动与组合,逐步构建环保服务产业体系;加快扶持一批管理科学、技术先进的环保服务企业,打造知名的环保服务品牌,并鼓励与国际环保组织、学术团体和企业的环保科技交流与合作,提高环保服务业技术水平。

(2) 大力发展物流业。以水运、航空口岸、铁路、海运为枢纽,建立全方位、多层次、立体式的口岸物流平台,形成铁路、航空、水运、公路联运的物流网络。依托交通枢纽,充分发挥鄱阳湖和长江的航运作用,加快南昌中心物流枢纽和鹰潭、九江等物流基地建设,积极发展第三方物流,提高物流的集约化程度和现代商贸的物流化水平。

(3) 推进现代服务业的低碳化。传统方式的交通物流业,碳排放水平非常高,所以要整合物流资源、发展低碳交通及物流业,完善设施建设,采用信息化手段等措施以降低能耗,实现绿色、智能化现代物流服务,促进资源的合理流动和分配,以达到低碳化的目的。

(4) 提高服务业的结构层次,降低资源消耗。针对江西省服务业目前产业化进程慢、市场化程度低、水平参差不齐的现状,要积极发展金融、保险、信息交流、法律咨询等相关的服务业(李卓霖、董锋,2013)。

(六) 做强文化产业

江西省文化资源丰富,文化资本难以估量,发展文化产业不仅可以减少资源消耗,还能带动江西地方经济的发展。因此江西省要努力打造具有鄱阳湖特色的文化产业。

（1）规划培育文化产业，既要兼顾生态文化资源，也要兼顾历史文化资源，培育一批自主经营、自负盈亏、自我发展的骨干企业，以骨干文化企业为龙头，带动江西省文化产业的快速发展。

（2）充分挖掘陶瓷、中药、戏曲、茶文化等特色文化资源，配套加强红色题材图书出版、影视、情景歌舞、红歌会以及红色旅游纪念商品设计、生产、汇展等。打造一批具有地方特色的文化产业品牌，做大做强具有市场竞争力的特色文化产业集群。力推鹰潭道教文化、景德镇陶瓷文化创意以及红土地、老区文化等具有江西人文特色的文化产业的发展。

（3）健全非物质文化遗产名录和传承人认定体系，培育新的文化品种以丰富文化产品，用新技术创新文化生产方式，积极培养高水平的具有创新意识的创作群体，推动国家级非物质文化遗产项目申报，促进非物质文化遗产的保护、传承和发展。

（七）提升旅游产业地位

江西省产业结构有明显重型化趋势，必须从产业规划、税收、投资等政策方面加以引导，提高景区接待能力，推进江西省生态旅游业的发展，将自然景观与人文景观相结合，改善城市环境、推动低碳城市建设。将旅游产业作为江西省的支柱产业加以重点发展，是破解江西省低碳经济发展难题、推动低碳经济发展、改善产业结构重型化的突破口。

（1）合理规划，加大旅游基础设施的投入。积极开发旅游产品，开发精品旅游项目，打造知名旅游品牌，优化旅游产品结构，推进江西省以红色旅游为主的旅游业发展。对鹰潭、庐山西海、南昌的滕王阁等老景区加大投入的同时，要兼顾生态旅游产业链向上下游的延伸，推动旅游产业升级（刘丁有、代进荣，2013）。

(2) 加强旅游产业配套基础和服务平台建设。打造江西省"红色摇篮、绿色家园"的红色旅游的特色品牌形象；重点开发鄱阳湖湿地生态、珍禽观赏、休闲度假、科普考查、陶瓷艺术和宗教朝觐等旅游产品。强化区域协作，推进旅游资源的整合，在南昌、九江、鹰潭和抚州等地设立环鄱阳湖生态旅游基地。加强庐山、龙虎山、柘林湖等重点景区和南昌、景德镇、九江和鹰潭等重点城市旅游服务设施建设，构建以鄱阳湖为中心的大旅游网络，使之成为中国著名的红色旅游地、知名的生态旅游和观光休闲度假旅游地。

(3) 以鄱阳湖生态经济区作为核心区，推进鄱阳湖国家湿地公园建设，推进庐山、西海、三清山、龙虎山、仙女湖等景区的旅游建设；实施鄱阳湖生态旅游名村名镇建设工程，打造一批市生态旅游名镇；开发建设南昌都市候鸟公园、永修湿地候鸟观赏游、星子金色沙滩风情游等基地。

(八) 完善碳金融支撑体系

低碳经济将成为"后危机时代"中国经济新的增长点，成为推动中国经济持续稳定增长的长期动力。而低碳经济作为一种全新的经济增长模式离不开金融的大力支持，没有强金融的支持，低碳经济的发展就无从谈起。目前，我国低碳技术项目的投资主要依靠政府拨款和政策贷款，以及国际机构的捐款和贷款，没有形成稳定的资金投入机制。金融机构对低碳技术项目支持也非常有限，多数银行不选择对低碳技术项目融资，即使部分银行实施融资，其信贷放款数量也非常有限，不能满足低碳技术发展的资金需求。尽管目前有国家政策的大力扶持，但节能环保产业面临的投融资困境仍然是最大的发展障碍（徐旭，2010）。作为金融产品的创新，碳金融是以保护生态环境、应对气候危机、低碳治理等理念，吸引金融市场参与的以盈利为目的，遏制气候变化或实现环境保护的投资活动。作为金融制度或机制的创新，将二氧碳排放权等温室气体排放权的交易制度嵌入金融市场，构建一个以碳排放权及衍生物为交易标的的碳交易市场（程天权、杨志，2012）。

低碳经济是金融机构能够大显身手的新兴领域，作为新兴的金融市场，其蕴藏着丰富的金融资源和巨大的金融创新潜力。自《京都议定书》正式生效以来，碳金融市场发展迅猛，交易规模快速增长，交易平台和工具也日益多元化。2011年8月31日，国务院下发的《"十二五"节能减排综合性工作方案》，明确要求推进排污权和碳排放权交易试点工作，完善主要污染物排污权有偿使用和交易试点，建立自愿减排机制，建立健全排污权、碳排放权交易市场。由此顺应碳交易市场的发展，北京环境交易所、上海环境能源交易所、天津排放权交易所、重庆排污权交易所和山西吕梁节能减排项目交易中心等相继成立，为规范中国碳交易市场奠定了基础。目前上交所也宣布正式启动"绿色世博"自愿减排交易机制和平台；2009年9月，天交所发起"企业自愿减排联合行动"，并达成了国内第一笔以碳足迹盘查为基础的碳中和交易；而广东、江苏等省也在加紧筹备成立碳排放交易所（陈柳钦，2013）。

金融支持对于推动低碳经济发展至关重要，碳金融已成为商业银行等金融企业尚待发掘的"富矿"，也是低碳经济发展的资金保障。因此江西省金融机构必须尽快顺应国内外金融市场的潮流，把握低碳经济带来的发展机遇，建立全方位的创新金融支持体系，并加大对低碳行业和企业的融资支持力度（陈柳钦，2013）。构建与低碳经济发展相适应的碳金融制度，打造包括商业银行贷款、碳期权期货、碳指标交易、直接投融资等金融工具的碳金融创新体系。积极为低碳经济提供金融支持，力求实现低碳经济发展和金融企业自身收益的"双赢"（刘传江，2010）。

（1）培育碳金融创新机制，完善碳金融中介服务。要严格碳金融产品风险评级，建立和完善气候变化的数据库、碳风险评价指标以及节能减排指标硬约束，防范金融机构的碳金融风险，就必须健全完善金融中介服务机构（李真等，2010）。鼓励民间机构和金融机构参与设立金融中介服务机构，使金融中介服务机构能够向金融机构提供风险评估、财务顾问、账户管理、融资租赁、购买或参与联合开发CDM项目等服务。

（2）创新碳金融工具。目前我国的碳金融产品种类单一，有必要创新低碳经济所需要的碳金融工具。利用专业的期货交易所、产权交易所开发碳金融衍生品交易，降低交易成本，设立清洁能源、生态环保等产业投资基金，开发绿色建筑、节能和可再生能源、环保汽车等金融产品，创新碳证券、碳掉期交易、碳期货等各种碳金融衍生品（初昌雄、周丕娟，2010）。

（3）建立统一的碳金融市场。从国际市场看，碳金融市场的潜力非常大。但全球性的碳交易所却只有四个，且均分布在发达国家。所以，江西省要积极探索碳交易和定价的规律，合理布局江西省的碳排放交易所，学习借鉴发达国家在区域规划、制度设计以及平台建设的经验，通过开展区域性信息平台和交易平台的构建，发展区域碳市场。

（4）将政府基金和民间基金相结合，以满足碳交易对资金的需求。目前，我国的政府基金和民间基金主要用于资助碳汇项目，并未用于支持和激励低碳技术的研发。极力拓展资金的渠道，碳基金的投资标的不仅用于碳汇的增加，还应当在二氧化碳的减排、寻求低碳技术方面加大投资，从而使江西省加快实现低碳型经济社会（徐旭，2010）。

三、企业层面

在全球发展低碳经济的背景下，江西各级企业必须顺应经济发展趋势，进行长远规划，将低碳经济纳入企业发展战略和日常经营决策中。积极采取节能减排措施，分析国内外低碳经济政策对行业及企业的影响；加快低碳技术创新，大力发展循环经济；推动碳金融产品创新等措施，以降低能耗、减少二氧化碳排放；实现低碳经济的转型，建立发展低碳经济的长效机制，推动社会经济朝着低碳方向转型，也是实现可持续发展的必由之路。

（一）加快低碳技术创新

发展低碳经济，构建现代低碳产业体系，积极发挥企业的主体地位，及时将低碳技术加以推广应用，促进产业向低能耗、高科技、高附加值、低污染的方向发展（刘春玲，2011）。低碳技术是低碳经济的灵魂，开发具有自主知识产权的新低碳技术、研发低碳新产品，既能提高能源使用效率、降低碳排放，又能控制企业成本。此外，通过自主创新、应用新技术与企业产能的优势互补，可以迅速将新技术转化为先进产能，实现企业产能要素的质的提升。江西企业整体缺乏关键核心技术，主要设备的能源利用效率与国内先进水平存在一定差距，需要进行统筹安排，积极开展研究开发和新技术运用的示范工作。只有不断致力于技术更新和研发具有自主知识产权的产品，提高竞争力和生产效率，才能为今后的长久发展积攒后劲（李卓霖、董锋，2013）。

（1）企业不仅要着眼于当前利益，更要放眼于未来。两年一度的"世界低碳大会"已永久落户南昌，江西省企业应借此良好的平台更深层、更大范围地参与CDM项目合作。加强与发达国家的技术交流合作，不断引进国内外先进的清洁生产技术、排放监控技术和节能环保技术以及能够提高能效技术和可再生能源技术，发展能源科技，整合市场现有的低碳技术，鼓励企业研发低碳技术，使用低碳产品，加速科技成果的转化和应用（刘丁有、代进荣，2013）。

（2）以企业为主体，合理配置社会资源，加强培养掌握低碳技术的研发和创新人才。打造低碳技术研发创新团队,造就一批高级科技人才,完善省级科研人才的培训和奖励政策,对自主研发新技术的企业给予政策和资金上的扶持,降低企业引入低碳技术的风险促进产学研合作。一方面,要淘汰落后技术、采用先进的实用技术,实现技术进步,改善资源利用效率;另一方面,要完善企业技术创新体系,推动低碳技术创新,包括碳捕获和碳封存、减量化和资源化技术的研究与推广,加快推动江西省清洁煤技术产业化,提高煤炭的利用效率(高颖飞,2011)。

(3)鼓励高等院校和企业进行产学研合作,弥补企业在低碳技术创新方面人才、资金不足的缺陷,提升企业低碳技术自主创新能力。通过科技孵化器及相关政策引导,建设低碳高新技术科技园,及时将新兴低碳技术推广应用到其他领域,推动先进技术及时转化为现实生产力,促进产业向低能耗、低污染、高附加值、高科技方向发展(刘春玲,2011),为企业低碳经济发展奠定良好的基础。

(4)建立融资优惠等激励机制,引导企业增加对低碳技术的研究和开发投入(柳立,2009)。在鄱阳湖生态经济区规划的基础上,拓宽融资渠道,创建低耗能、高效率、高技术、低污染的良好创业氛围,积极引导低排放、低耗能、高效益的企业在这里落户,形成分工合理、上下游联系紧密、空间集聚和具有竞争优势的低碳产业群落,推动鄱阳湖低碳产业群的发展。

(二)推进碳金融产品创新

目前,虽然我国商业银行,特别是大的商业银行都在打"绿色信贷"牌,但受到经济结构和产业结构的制约,一直以来都把投放贷款的重点放在制造业,对低碳经济的支持力度远远不够,贷款总额中的占比偏低。然而,碳金融不仅能够为碳减排提供持续的融资资金,还能够让金融企业从碳减排权中获得能源效率和经济收益。随着全球

"碳减排"市场交易规模的扩大,碳排放权进一步衍生为具有投资价值的金融资产。全球化的碳金融体系,对全球经济与金融格局将产生深远影响。我国商业银行必须适应低碳经济发展的要求,把节能减排项目作为贷款支持的重点,抓住机遇在全球碳金融框架下争取主动权(韩阳等,2012)。2006年5月,兴业银行与国际金融公司(International Finance Corporation,IFC)合作,联手推出了节能减排项目贷款这一新兴金融产品。2008年10月,兴业银行公开承诺采纳"赤道原则",成为我国首家"赤道银行"。目前"绿色信贷"已成为兴业银行的特色产品,节能减排贷款等金融产品,不仅使兴业银行获得了稳定的经济效益,还培养了一批专业的碳金融信贷人员,为兴业银行在低碳经济中抢占市场份额提供了有利条件。由此可见,低碳经济的发展不仅拓宽了商业银行金融产品范围,给商业银行带来了新的经济收入,还给商业银行带来了金融创新的机遇和压力。

1. 积极推进商业银行绿色信贷支持

对研发环保治污设备,从事生态保护、循环经济、清洁生产、开发利用新能源以及发展生态农业和绿色制造业的机构贷款实施优惠低利率;而对污染企业的项目投资贷款额度进行限制,并实施高利率政策。这样银行便可以采取绿色贷款政策支持低碳经济发展,包括通过专项贷款以支持可再生能源资产融资、为购买新型高效住房和投资者提供资金、为高能效设备绿色能源提供低利率贷款以及选择对传统动力向低碳和绿色动力转换的产业提供抵押贷款支持等。

2. 碳交付担保

由于低碳项目的开发存在极大的不确定性,阻碍了低碳项目的开发。由此,金融机构可以采用远期合约形式给投资者一个合理的碳减排单位价格,为项目提供信用评级,并为一级市场按约定向二级市场交付减排单位提供担保,既能提高低碳项目开发商收益,还能降低投资者的风险,有利于低碳项目的普及和推广。

3. 低碳保险及证券支持

一方面，金融机构可以通过提供低碳产品的保险使企业在碳减排交易和低碳项目投资中应对碳的价格波动，以降低价格风险发生的概率；另一方面，金融机构还可以碳信用的未来价格为基础发行债券。如果碳价格高，债券投资者所获得的债券投资回报率也高，这就使得"亲环境型投资"的机构或个人投资者能获得较高的收益，该债券发行所获的资金反过来再投资于低碳项目的开发，产生良性的互动作用，使碳信用进一步提高（韩阳等，2012）。

（三）大力发展循环经济

发展循环经济是构建低碳产业的基本路径，其实质就是促使经济增长与资源消耗相脱离，而对产业实施循环经济是实现低碳经济的重要路径。在江西省发展低碳经济的过程中，要大力发展循环经济，按照循环经济的发展规律，加大对现有产业的升级改造，形成产业集群，形成资源消耗少、科技含量高、经济效益好、污染少的循环经济工业体系。

1. 运用"3R"原则，发展生态工业园

依据工业生态学原理，减少废弃物的排放，通过循环利用、废物交换、清洁生产等手段，使园区上下游产业之间的资源和能量能得到循环使用，最终实现产业园区的污染"零排放"。充分发挥引导作用，培育低碳产业，整合生产要素，为低碳经济发展奠定基础。一要加快培育新能源和节能环保产业，提高产业发展水平，引导产业发展规范化、规模化，同时推行"低碳"技术标准和商品标识，鼓励消费者选择低碳产品，拓宽市场空间；二要整合低碳发展所需的高级生产要素，在人力资源培养、知识产权保护、信息平台建设、技术合作研发等方面为企业的低碳创新提供良好条件（李卓霖、董锋，2013）。

2. 淘汰落后的高能耗装备

按照"资源—产品—废弃物—再生资源"的反馈式循环利用模

式，改造制造业、矿山开发业等工艺，大力推进废渣、废水、废气的再利用，提高金属冶炼和采矿效率。推进企业循环经济发展，改造落后钢铁、化工和有色金属等工艺流程，构建循环经济产业链，使园区内一个企业产生的副产品成为另一个企业的原材料；合理规划园区产业结构，将企业和初级、中间、最终产品的生产企业相对集聚；提高企业的能源循环利用率，使资源利用最大化和废弃物排放最小化。实现园区与外界信息共享、资源共享，推进资源和能源向高效转换，拓展园区循环经济发展空间。

四、公众层面

低碳经济发展要渗透到产品设计、生产、储运、消费、报废处理等各个方面。江西要在全省范围内对工厂、学校和公众加大宣传、普及低碳理念的力度，将低碳文化和节能意识转变为社会民众自觉行动，激发全民的低碳意识。在发展低碳经济的过程中，一方面，必须重视加强对各级干部，企业管理者，社会公众，大、中、小学生的生态环保理念的教育，创建生态文化，引导绿色消费，倡导低碳生活，打造低碳家园，以提高居民个人的低碳意识；另一方面，努力提高各部门、社会各界对湿地、流域水资源、水环境的保护意识，在全社会推进崇尚自然、善待万物、遵循自然规律的低碳价值理念，使节能减排成为全社会的自觉行动，为建设资源节约型和环境友好型的低碳社会贡献力量。

（一）树立低碳生活理念

要利用网络等各类媒体，加强对民众的宣传与引导，使大众理解低碳经济的内涵及其对经济增长方式转变的意义,为公众提供与低碳经济发展有关的信息和教育素材,从而增强广大公众对发展低碳经济的危机感和责任感,进一步树立低碳生活理念。在全社会积极宣传低碳生活理念,推广低碳生活行为,争做低碳生活的先行者(刘丁有、代进荣,2013)。遏制奢侈消费,树立简朴生活的价值观,从百姓追求大量消费的富足感满足观念转变为崇尚节约的新风尚;使广大公众树立健康、文明的低碳生活方式;养成重复使用、使用布袋(纸袋)、提倡自行车(步行)、拒绝过度包装、鼓励轨道交通和公交车、拒绝一次性用品、纸张使用双面、肉类消费适度、随手关水阀、使用节能环保型材料等一系列良好的低碳习惯(徐锦庚、马跃峰,2009)。

(二)引导绿色消费

江西低碳经济的发展,不仅会促进消费者消费理念和消费方式的改变,而且还能在消费领域产生新的产品需求,并拉动经济的增长。要在全社会引导绿色消费,选择减少温室气体产生的生活方式,尽量避免消费会产生碳排放的商品;而企业则应该把握市场机遇,加速开发低碳消费品,为消费者提供绿色消费品(王圣云、傅春,2012)。

1. 引导消费者转变消费观念

让消费者认识到,全球面临资源枯竭的危险,而环境污染的严重问题,最终必定危害到人类的生存。改变公众不注重环境保护的消费方式,提高消费者的绿色消费意识,提倡分类处置消费垃圾;倡导公众购买有"环境标志"的产品,实施低碳产品认证和标志制度,对产品生产和消费中的碳排放量进行标识,引导消费者选购低碳产品;促使企业建立低碳产品生产保证体系,促使全民养成低碳消费的习惯(刘丁有、代进荣,2013)。

2. 健全绿色消费的激励机制

加快完善有关税收政策，尽快建立节能专项基金，通过征收碳税和能源消费税，强制规范人们的消费行为；通过减免税费、提供财政补贴等措施引导消费者绿色消费（卜华，2011）。要鼓励使用节能节水产品、太阳能产品、可再生产品、节能环保汽车，推广提高中水回用率、污水循环使用率，严禁使用黏土砖，控制过度包装，取消一次性餐具，推进废旧资源回收利用，推动建筑节能，节能改造城市照明，扶持废弃物回收业，并要求政府优先购买有环境标志和节能标志的产品。

（三）打造生态家园

发展低碳经济是江西省一项庞大的社会工程，需要政府、企事业单位、社区、学校、家庭及公民的共同努力，着力优化城镇空间结构，合理布局城市工业区、生活休闲区、商业服务区，营造宜居环境。

1. 加强城市绿地建设，打造生态家园

要依托广场、公园、社区等绿化工程，扩大社区绿地空间，提高城镇绿化率，加强社区环保基础设施建设，整治市容市貌，创建环保志愿服务等精神文明活动，打造城市生态家园的文明形象。

2. 推动城镇生态家园建设

树立文明乡风，开展文明村镇、诚信集市、十星家庭的评比，突出城镇历史文化特色，尊崇自然风貌，提升城镇生态功能定位；建成一批环境优美的乡镇和生态村，打造富有魅力、宜居、宜业、宜游的生态化景观城镇，创建和谐的生态家园。

3. 实施村村通工程，加强基础设施建设

优化乡村入村道路和村内道路，完善乡村供水管网和给排水设施建设，实施以奖促治；大力开展乡村环境整治，垃圾集中处理，改善村容村貌，实施改水、改厕、改圈、改厨工程；加快推广秸秆、沼气、太阳能等可再生能源的利用，建设清洁、经济的乡村能源体系；加强宅旁、水旁、村旁、路旁绿化，开展绿色生态家园创建活动，改善农村卫生条件和人居环境，形成农家乐的生态家园新景象。

第八章 江西省低碳经济发展案例分析

一、江西省低碳农业发展案例

(一)"猪—沼—果"生态养殖模式

1. 基本情况介绍

为了更好地响应国家节能减排的号召,保护美丽的生态环境,江西省积极推广了"猪—沼—果"生态养殖模式。该模式是江西在农村沼气建设、生猪生产和果业开发的实践中,利用沼气与农业技术组合,开展"三沼"综合利用,建立的一种兼顾资源、环境、效益、效率的农业生产工程。在江西赣州的兴国县和龙南县,该模式得到了较好较快的发展。"猪—沼—果"模式是一种循环经济模式,该模式以沼气为核心,把种植、养殖和生活三种孤立的活动组合成一个开放式的互补系统,使物质充分循环,让自然散发掉的生物质能被集中利用。

2. 发展成效

"猪—沼—果"生态养殖模式是在农村沼气推广的基础上,创造的一项农业新技术，它涵盖的内容丰富。该系统中的养殖业不仅包括生猪、牛、鸡、鱼等，种植业除果业外，还包括粮食、蔬菜及其他各类经济作物的种植，具有多组成、多层次、多时序、多产品的特点。该模式的推广应用，将极大地促进江西现代农业生态循环体系的构建。

（1）综合效益显著。实践证明，一个1立方米的沼气池，常年养猪4头，就可解决农户日常生活的能源问题。每头猪的粪尿经沼气池发酵后，肥力增加相当于50元的氮肥价值；从省电、省柴、省劳力角度看，每头猪可增加间接收入120元；施用沼肥的果树增产幅度可达25%；从生产无公害果品方面来看，沼液（渣）作肥，不仅培肥了土壤，而且生产的果品个儿大、皮薄、无公害、品质好、光泽好，深受广大消费者的喜爱，其价格比一般的果品高，果农收入大增。为此，实施"猪—沼—果"工程大大地降低了养猪和种果的成本，具有明显的经济、社会和生态效益，该低碳模式的发展对经济条件的改善起到了强大的促进作用。

（2）环境污染减少。保护环境是我国的一项基本国策，各级政府对此都高度重视。污染环境已经成为制约畜牧业发展的重要因素。家畜所产生的粪便、污水及其废弃物，已成为污染环境的来源和多种疾病的传染源。通过实施"猪—沼—果"低碳循环农业的建设，极大地减少了对环境的污染。饲养员每天把猪粪、猪尿、污水和废弃物统统扫入沼气池，既使饲养环境和生活环境得到了净化，又达到了家畜防疫的目的。粪便经过沼气池发酵，能有效地杀灭粪便中的寄生虫和其他病菌，从而阻断了疫病的传播，同时使得周边环境不断得到改善。

3. 赣州市：农业优先发展、资源高效利用

（1）赣州市兴国县"猪—沼—果"模式。兴国县拥有丰厚的沼气资源，鉴于此，兴国县决定突出发展以沼气为纽带的"猪—沼—果"建设工程，用沼气池挑起了农村节能的大梁，这一举措换来了农民的新家园，更换来了该县的青山绿水。近几年来，为推动以沼气为纽带

的"猪—沼—果"建设工程,兴国县在技术培训方面严格把关,在乡一级成立农村能源环保站,在村一级设立农村能源兼管员,每年进行沼气技术培训 1500 人次左右。该县还以新农村建设为契机,将"改水、改厕、养殖、沼气"连成"四位一体"的发展模式。目前,全县建有沼气池 3.6 万多个,仅燃料一项每年可节约 17.5 万亩的林木产量,节约用电近 900 万千瓦时,节约柴草 10 万吨,可保护植被 15 万亩。每年产生大量沼渣、沼液,有效促进了全县无公害蔬菜、脐橙等种植面积的迅速扩大,创经济效益 3600 多万元。

(2) 赣州市龙南县"猪—沼—果"模式。龙南县"猪—沼—果"种养农户达 8700 多户,自从实行"猪—沼—果"生态循环模式种植后,减少了脐橙、无公害蔬菜农药和化肥的使用量,每亩产量也提高了 20% 以上,一加一减,在市场价格相同的情况下,每亩脐橙每年多增收 320 元以上。"猪—沼—果"生态循环农业给该县带来了可观的生态效益和经济效益,年可节约柴火 2.54 万吨,节约饲料 4284.56 吨,节约化肥 1523.7 吨,而且培育出的无公害农副产品由于品质优良,九成以上销往粤、港、澳地区市场。

(二) 光伏蔬菜基地

1. 基本情况介绍

近几年,国际光伏发电发展迅速,光伏发电已由补充能源向替代能源过渡,并在向并网发电的方向发展。随着江西省光伏发电技术水平的日益提升,尤其是江西省乐平市光伏蔬菜基地项目的开展,有力地促进了江西省循环生态农业的发展。农业光伏蔬菜大棚是集太阳能光伏发电、智能温控、现代高科技种植为一体的温室大棚。它采用钢制骨架,上覆太阳能光伏组件,以保证光伏发电组件的光照要求和整个温室大棚的采光要求。太阳能光伏发出的直流电,直接为农业温室进行补光,并直接支持温室大棚农业设备的正常运行,驱动水资源灌溉，同时解决冬季温室大棚供暖问题，提高大棚温度，促进蔬菜快速增长。

2. 基地运营优势

通过传统蔬菜大棚与太阳能光伏电站的有机结合，可以在一块土地上实现多种功能。通过太阳能电池板应用、主体框架、通风装置、保温装置，实现夏季高温时，太阳能电池组件分光作用，有效阻止过多热量进入大棚；冬季和夜晚时，阻止大棚内的光向外辐射，有效起到保温作用。通过"光伏生态大棚电站"与LED搭配使用，夜间给作物提供光照，缩短作物生产周期。通过农业物联网的应用，提高工作效率和达到精细化管理，能充分发挥光伏生态大棚的规模化经营优势，为高效规模化农业起到了较好的示范作用。

同时"光伏蔬菜基地"还可与旅游结合构建观光农业，与社区农产品需求结合，构建社区农场，与市民体验结合构建开心农场等集高效种植、农业科普、休闲观光于一体的新型农业项目。而且建设光伏生态大棚电站，利用太阳能电池组件阻挡紫外线的特性，打乱昆虫生长环境，起到物理防虫效果，实现绿色有机作物种植，提高亩产量，可以解决附近老百姓的就业问题，提高老百姓收入。

3. 乐平市：打造生态循环链、开拓低碳农业发展路

（1）基地发展概况。根据乐平市蔬菜产业规划布局，该市引进了中节能太阳能科技有限公司，其将投资135亿元兴建3万亩太阳能光伏蔬菜大棚。届时，该蔬菜大棚将成为江西最大的太阳能光伏蔬菜大棚基地。目前，乐平市首期开发的1200亩太阳能光伏蔬菜大棚已建成启用。该科技大棚既能利用光能发电，也可利用大棚种植蔬菜、热带水果、花卉苗木等，是节能环保、富民惠民的绿色工程。

（2）基地建设及运营情况。中节能乐平20MWp光伏农业科技大棚电站工程装机容量为20MWp，实际容量为20.213136MWp。本工程建设在乐平鸬鹚乡，南北长约900米，东西宽750米，土地平坦、肥

沃、沙质壤土，排灌方便，离德昌高速连接口约 3 公里、S205 省道 2 公里。整个光伏发电系统全部采用固定倾角方式安装于农业大棚屋顶南面。该项目的建设，符合将乐平经济开发区建成"低碳、绿色生态区"的目标。并以此为起点，在地区市境内建设区域性光伏并网发电及应用推广示范基地，为江西省及全国资源枯竭型城市的经济转型和可持续发展探出一条新路。

（3）基地建设与发展。乐平市光伏蔬菜基地的建设不仅有利于获取建设经验，而且有利于提升企业业内形象，有助于获得社会声誉、提升信任程度、取得社会效益，同时可通过出售光伏发电，给企业和单位带来经济效益。中节能乐平 20MWp 光伏农业科技大棚电站工程建成投运后，可有效缓解地方电网的供需矛盾，优化系统电源结构，促进地区经济可持续发展。同时工程建设对于环境保护、减少大气污染具有积极的作用，并有明显的节能、环境和社会效益。同时可达到充分利用可再生能源、节约不可再生化石资源的目的，将大大减少对环境的污染，而且对推进太阳能利用及光伏电池组件产业的发展进程具有非常重大的示范意义。

二、江西省低碳工业发展案例

（一）江西赣县的谱赛科（江西）生物技术有限公司

1. 基本情况介绍

位于江西赣县的谱赛科（江西）生物技术有限公司是全球最大甜菊糖甙产品生产企业。公司现占地面积 300 余亩，注册资本 2850 万美元，资产总额 5 亿元人民币，员工 380 人，是一家以甜叶菊的叶片为原料生产，销售甜菊糖甙产品的高科技型"农业产业化国家重点龙头企业"，年加工处理甜叶菊干叶能力5万吨，年生产甜菊糖甙产品能力8000吨，现已发展成为全球同行业的"领头羊"，国际市场占有率高达40%以上。

谱赛科（江西）生物技术有限公司是江西省唯一的一家专业从事甜菊糖甙产品生产、销售及其加工技术和应用技术研究的高科技企业。近年来，公司面貌日新月异，经营业绩蒸蒸日上，现已发展成为同行业中生产规模最大、产品质量最优、竞争能力最强的企业。公司先后被江西省委、省政府授予"优秀农业龙头企业"称号，被江西省科学技术厅授予"高新技术企业"称号，被赣州市政府授予"最佳企业"称号，被江西省农业银行评为"AAA信用等级"企业。公司产品先后荣获"省高新技术产品"、"江西名牌产品"及"省优秀新产品"等称号。

2. 低碳经济工程建设与生态园区发展

谱赛科（江西）生物技术有限公司地处江西赣县经济开发区洋塘小区，园区坚持以科学发展观为指导，以创建"循环经济产业园"为目标，在深挖企业节能减排与清洁生产潜力的同时，按照低碳经济理念，积极推进不同企业或工艺流程间的横向耦合及资源共享，寻找"消费者"与"分解者"，搭建工业系统中的"生态链"和"生态网"，并最终建立起资源消耗少、能源利用效率高、废弃物排放少和废旧产品回收再利用的生产和消费体系，成为高产率、低能耗和低污染的循环型、低碳型绿色园区。

在生态工业园区建设项目中，赣县始终遵循生态工业和低碳经济理念，按照"企业内部小循环、园区大循环"模式，有序开展了物质、能量和信息的系统集成工作。据测算，这一模式基本形成后，园区万元工业增加值的综合能耗标煤（当量值）由1.8吨下降到1.5吨；万元工业增加值取水量由35立方米下降到24立方米；规模以上工业用水重复利用率由50%左右提高到75%；工业固体废物综合利用率由60%提高到96%；万元工业增加值废气主要污染物排放量和废水排放量分别下降20%。工业园区重点企业通过清洁生产审核实施的企业有12家，实施率达到80%以上。目前，园区已建成工业废弃物回收利用项目多达15个。其中包括2009年江西新凌新能源有限公司利用谱赛科、菊隆高科甜叶菊废渣建成生物质能发电项目，本项目设计发电容量2兆瓦，每年发电1440万千瓦时，发电收入895万元，并将发电余热回收利用每年可节约标煤1.83万吨，是目前国内生物质能厌氧工程领域规模最大的工程之一。

生态工业四大工程建设：

（1）污水治理工程。废水是生物食品企业生产过程中主要代谢物之一。目前，开发区已投资4000余万元建成了2万立方米/天规模的污水治理设施一座。该设施采用以"预处理+厌氧+二级好氧+聚凝+过滤"为主体的污水处理流程，污泥采用"混合+压滤+农用"处理工艺，经处理后的水质可达国家一级标准。

（2）沼气发电工程。高新区生物食品产业主要原料是草本植物甜叶菊，甜叶菊渣是企业生产过程中的主要废料。针对这一特点，江西新凌能源有限公司投资5000余万元建设了沼气发电工程。该工程以废水、废渣和滤泥为原料进行厌氧发酵，产生的沼气被用来发电；发电余热可以为工艺工程保温和沼渣干化提供热源；厌氧发酵后的沼渣制为优质有机肥，实现了对废物的高效循环利用。年可减排二氧化碳5.88万吨，节约1.83万吨标准煤。

（3）中水回用工程。在污水处理工程的基础上，高新区投资600余万元建设中水深度回用工程。通过物理过滤与消毒，使中水进入回用水池后变频调压供水回用。使废水循环利用率达到60%，建成后，预计可年节约用水280万吨。

（4）沼渣回用工程。经沼气发电后的沼渣，预计达10万多吨/年，其主要含量为:蛋白质 15.63%、粗纤维 45.5%、粗脂肪 5%、碳水化合物 28%、灰分 5%,比较适合做有机肥。江西赣州天德生物科技有限公司以江西新凌能源有限公司消化产物作为生产原料,年产有机肥料 5.6 万吨。园区内已有江西赣州天德生物科技有限公司、赣州佳利来生物科技有限公司生产有机肥、草料。

3. 公司运营情况

2013 年,谱赛科(江西)生物技术有限公司实现销售收入 7.8 亿元,上缴税收 3000 万元,出口创汇 4700 万美元,2014 年 1~6 月,公司实现销售收入 6 亿元,上缴税收 2400 万元。另外,公司甜叶菊种植基地面积扩大到 10 万亩,辐射带动 3 万多农户种植甜叶菊增收致富,取得了良好的经济效益和社会效益。2012 年公司计划继续增加固定资产投资,扩大生产规模,提升科技研发水平,努力形成年加工处理甜叶菊干叶 10 万吨,年生产高纯度甜菊糖甙产品 1.2 万吨,实现销售收入 50 亿元,实现上缴税收 5 亿元的能力。未来几年,公司年生产高纯度甜菊糖甙及其精深加工产品能力达 12000 吨,实现年销售收入 80 亿元人民币,创利 24 亿元人民币,实现税收 10.8 亿元人民币,创汇 7.5 亿美元。建立与生产相配套的甜叶菊种植基地面积将达到 60 多万亩。

4. 发展成效

(1)"农业龙头企业+基地+农户"的现代农业发展模式,实现农工产业互动互利,企业辐射带动能力大幅提升。赣县经济开发区内谱赛科(江西)生物技术有限公司采取"农业龙头企业+基地+农户"的现代农业发展模式,鼓励农户大量种植甜叶菊,扩大甜叶菊种植基地面积,为公司提供充足的原料供应,实现农工产业互动互利。同时谱赛科公司充分利用赣县本地农副产品的资源优势,扩大现有食品产业规模,依托地方及国家政策帮扶,重点发展甜菊糖甙产品,力图把甜叶菊打造成赣县及周边省、市、县的一项长期富民产业,辐射带动能力大幅提升。

（2）鼓励创新与研发，提升企业科技创新水平，增强企业发展后劲。谱赛科（江西）生物技术有限公司先后通过ISO9001：2000质量管理体系、HACCP和ISO22000：2005食品安全管理体系认证。建立起了装备优良、管理规范的公司技术中心，该技术中心已于2008年11月被省经贸委认定为省级企业技术中心。甜菊糖甙产品先后被授予江西省"高新技术产品"、"自主创新产品"、"优秀新产品"和"江西名牌产品"等荣誉。此外，公司种苗研发基地被列入了富民强县项目，还获得了政策资金帮扶，用于技术研发与创新。谱赛科（江西）生物技术有限公司高度重视种苗研发、人才聘请和基地发展等，斥资研发与投入，实现了种植基地所需种苗自育自给。目前基地已初步培育新品种100多个，其中有3个新品种已向国家提交植物新品种权保护申请；已取得多项科研成果，其中有2项技术已向国家知识产权局提交了专利保护申请，大幅提升了企业科技创新水平，增强了企业发展后劲。

（3）资源循环利用，促进低碳经济发展。江西赣县谱赛科（江西）生物技术有限公司深入贯彻低碳经济、资源循环利用理念，在甜菊糖甙生产线生产过程中产生的废水和废渣通过装置、设备等进行处理，将部分废弃物转变为有机肥料用于甜叶菊种植基地；部分废弃物用于转化为电能供应生产；部分废水转变为饱和蒸汽或工艺用水及清洁用水等，谱赛科（江西）生物技术有限公司"变废为宝"，对工业"三废""吃干榨尽"，实现了真正的资源循环利用，促进低碳经济发展。

（4）食品循环产业链上下游企业共生，促进低碳经济产业链发展。通过上述生态工业四大工程的建设，赣州高新区生物食品产业已形成四条循环链，即：①甜菊糖甙生产—污水—处理—中水—深度净化—回用甜菊糖甙农业耕作；②甜菊糖甙生产—叶渣—产沼—发电—回用甜菊糖甙农业耕作；③甜叶菊—甜菊糖甙生产—叶渣—产沼—沼渣—制肥—回用甜叶菊农业耕作；④甜菊糖甙生产—煤—煤渣—回用于砖厂。通过以上四条循环链，对四种废弃物都进行回收利用，最终形成一个封闭的生物食品循环经济产业园。园区已形成以谱赛科、菊隆高科、新凌能源、天德生科等企业为代表的食品加工和废渣、废气、废水处理的低碳经济产业链。

(二) 江西鹰潭贵溪铜拆解基地

1. 基本情况介绍

江西鹰潭是我国重要的铜产业基地,辖区内拥有世界铜行业排名第三、亚洲排名第一的江西铜业公司,铜加工能力140万吨,有"中国铜产业基地"之称。江西省委、省政府高度重视生态环境保护和资源综合利用,把资源承载能力、生态环境容量作为经济发展的重要依据,坚持在集约、节约利用资源中求发展,在保护生态环境中谋崛起,依托江铜,充分利用国内、国际两个市场,培育壮大铜资源保障体系,实现区域经济社会又好又快发展。为了发展低碳经济和生态经济,构建资源节约型产业体系,江西省委省政府提出了"充分利用国际国内两种资源、两个市场,使鹰潭成为全国重要的废杂铜集散和资源再生地"发展战略。

鹰潭贵溪铜产业循环经济示范区是原中央办区振兴发展规划重点建设示范区之一,鹰潭市依托政策给予的优势积极开展示范区及相关配套服务建设,加快打造绿色"世界铜都"。贵溪铜拆解加工园区是经国家环保部批准在内陆设立的第一家,是经国家批准的内陆第一家废五金拆解加工园区,也是省唯一一家废弃机电产品集中拆解利用加工园区,是对进口废五金电器、废电线电缆和废电机等进口第七类废物开展"圈区管理"的试点区,是江西省重大建设项目,也是鹰潭打造"世界铜都"、发展块状经济的重大举措。

2. 建设规模及运营情况

江西鹰潭(贵溪)铜拆解加工区按照"政府引导、统一规划、市场运作、圈区管理"的原则,采取市场化运作的方式进行开发建设。

经过近三年的建设，鹰潭废旧机电产品拆解利用加工园区一期1300亩建设用地路、水、电基础设施顺利完成，并按规范要求建成了生产加工区、检验检疫监管区、污染处置区、仓储区四个功能区，形成年拆解能力70万吨；二期工程完成后，可形成年拆解能力180万吨，达到年产废铜45万吨、废铝10万吨、废塑料10万吨、废钢铁95万吨的生产规模，最终建成全国最大的铜废旧原料回收利用基地和再生资源集散中心，为江西铜业公司提供一座流动的"低碳"矿山。江西铜业再生资源有限公司，目前已达到10万吨的金属拆解量，计划目标是实现30万吨的金属拆解量，其再生资源利用的量相当于一座中型矿山。

3. 基地建设与发展

贵溪铜拆解加工园区已经成功申请城市矿山项目，此项目的建设对园区内特别是对铜拆解企业在资金方面有一定的帮扶，促进园区、企业发展，带来良好的发展前景。在配套相关方面，园区成立海关商检部门，这将促进园区企业进行相关进出口贸易活动，大大节约从国外运进货物检验的时间。另外，鹰潭正在建设铜及铜产品质量监督检验中心、铜现货交易市场、铜期货交割库及鹰潭铜产业工程技术协同创新中心，并且努力着手与香港地区等海溪口岸合作对接。这一系列的项目建设和配套设施建设为园区内企业的发展提供硬件和软件上的支撑。

4. 基地发展成效

（1）资源再生利用，促进低碳经济发展。江西鹰潭铜拆解加工区的建设，大大促进了废铜等废旧资源综合再利用，有效缓解了江西省铜资源紧缺和铜冶炼能力迅速扩大直接的矛盾，为把鹰潭建成"世界铜都"奠定了坚实的基础。铜拆解加工区内企业通过将废旧机电产品分类和加工变成可利用的铜、铝和塑料粒子等可回收利用原料，实现资源再生利用，促进低碳经济发展。

（2）完善贵溪铜产业链，构建产业链循环发展。鹰潭贵溪铜拆解加工区的发展，促进形成了从废铜回收、铜冶炼到铜精深加工、终端产品加工的完整产业链。江西鹰潭贵溪铜产业的发展在国内甚至国际上都名列前茅,铜产品产业链不仅是铜产品的终结,更是铜产品利用过后的回收,实现铜材料的循环利用,铜拆解加工区的建设进一步升华铜产业链的单向游动,构建产业链循环发展。

(3)提供铜原料保障。鹰潭市积极抢占发展制高点,于2011年建成了内陆地区首个废弃机电产品集中拆解利用加工园区——鹰潭贵溪铜拆解加工区,为铜产业发展提供了充分的资源保障。鹰潭是我国最大的铜工业生产基地,有百余家铜生产加工企业,年生产加工能力达150余万吨,每年需要杂铜及杂铜合金百万吨以上,铜产业循环基地拆解加工区将为鹰潭打造"世界铜都"提供重要的原料保障。

(4)铜企经营模式出现变革,集约交易成本。铜既是一种商品,又是一种金融产品。如果作为商品、作为工业原料,它的价格是由供需双方来决定的,但是加上金融属性以后,铜又变成了一个投资的工具。鹰潭现筹建的铜现货交易市场和铜期货交割市场,为铜远程交易提供了一个平台,能有效降低交易过程中的费用,包括信息咨询费用等,促进铜拆解产业的蓬勃发展,集约交易成本,以及国内、国际影响力的扩大和提升。铜现货交易市场和铜期货交割市场的建立能让再生铜产业链实现多方共赢,实现其他地区的定点企业和利废企业向江西鹰潭转移,加快地区再生资源的产业发展。

三、江西省低碳旅游发展案例

(一)婺源县乡村低碳旅游发展案例

1. 婺源县概况

婺源县位于江西东北部,与皖、浙两省交界,为古徽州府所辖的六县之一。面积2947平方公里,北部为山区,中部、南部多丘陵、盆地,是一个有着"八分半山一分田,半分水路和庄园"的典型山区县。全县总人口36万,辖16个乡镇、1个街道办、1个工业园区。全县拥有5A级旅游景区1家、4A级旅游景区7家,是全国4A级旅游景区最多的县份,也是全国唯一以整个县命名的国家3A级旅游景区。婺源境内森林覆盖率高达82.5%,空气质量达到国家Ⅰ级标准,生态环境优美;其古村落遍布乡野,保存完整,且独具徽派风格,文化底蕴深厚,素有"书乡"、"茶乡"之称,是全国著名的文化与生态旅游县,被外界誉为"中国最美的乡村"、"一颗镶嵌在赣、浙、皖三省交界处的绿色明珠"。

婺源围绕"中国最美乡村"品牌,大力发展生态环境保护建设、文化挖掘保护,以良好的生态环境作为低碳旅游发展的基础,以保护生态环境作为低碳旅游的核心内容,大力发展低碳旅游业,先后获得全国绿化百佳县、全国造林先进县、国家茶叶标准化示范县、全国生态农业建设先进县、全国首批农村初级电气化县、全国绿化模范县、全国首批生态农业旅游示范点、国家乡村旅游度假试验区、中国旅游强县、中国最美乡村及全国低碳旅游实验区等20多项国家级荣誉,并于2012年通过低碳旅游示范区验收,形成了以文化、生态、低碳旅游为一体的科学发展道路。

2. 婺源乡村低碳旅游发展措施

低碳发展是实现经济社会可持续发展的有效途径,也是人们对健康的生产和生活方式的一种追求。婺源县坚持"政府主导、企业主体、部门配合、社会参与"的工作方针,根据婺源生态环境和资源的特点,科学进行资源开发和产品开发规划,用规划做引领,积极推动低碳旅游试验区建设,规范旅游企业低碳发展,节能减排,加大村民宣传教育,倡导游客文明低碳旅行,紧扣全国低碳旅游示范区的标准和要求,积极探索"低碳储备、低碳生活、低碳经济"的发展路径,在低碳发展上迈出了坚实步伐,成为中国低碳旅游示范区。

(1)增加低碳储备。保护好以森林为主的生态环境是提升低碳储备的一个重要措施。近年来,婺源县一方面广泛开展封山育林和造林绿化工程。抢救性保护以天然常绿阔叶林为主的自然生态系统,全面禁伐天然阔叶林,深入开展"花开百村"等绿化美化工程,禁止用化肥养鱼,保护源头水源。在全国率先创立自然保护小区模式,先后建立自然景观、珍稀动植物保护等六大类型自然保护小区。目前,婺源县率先创建了192个自然保护小区,完成长江防护林、退耕还林工程造林40万亩,封山育林180万亩;实施"花开百村"工程,每年套种梨树、桃树等带花苗木15万余株,打造"花开百村"的景观;全力打造"花海婺源",公路沿线及景区景点油菜覆盖率达90%以上,目前婺源已成为全国著名的"四大花海"中接待游客最多的地方。扎实开展造林绿化工程,发展标准化良种茶园,已建立标准茶园16万亩。另一方面,实施能源替代工程,降低能源性森林消耗。控制和降低能源性消耗是保护森林资源的重要手段。婺源县积极实施"林—水—电—林"的生态建设模式,推行以"改燃节柴、改灶节柴"为主要内容的"双改双节"工程,85%以上的家庭实现以电代柴、以气代柴。这一举措,使全县平均每年减少能源性耗材约9万立方米,相当于每年新增造林18万亩。

(2)倡导低碳生活。倡导低碳生活是保护生态环境的一个重要环节。一是形成绿色生产生活方式,鼓励城乡低碳消费。严把项目准入关,谢绝污染项目。狠抓工业"三废"治理,排污达标率达100%。关闭木材加工"五小企业"200家,年均减少林木采伐5万立方米。加强生态河流保护和管理,规范水产养殖,农业局加大渔政管理执法力度,严厉禁止电鱼、毒鱼、炸鱼等严重破坏水域生态环境的违法行为。推广农村沼气,引导城乡居民使用太阳能、电动车、节能灯等低碳产品。此外,倡导游客、居民使用环保袋,在景区实施电瓶车环保交通工具等措施。鼓励游客使用自行车旅行或徒步旅行,住居民客栈,尝农家菜,购买本土特色手工产品和纪念品,减少酒店、餐饮消费及产品运输,降低碳排放。二是加快低碳项目建设,营造低碳生活环境。婺源县建成江西省首家县城垃圾处理场,并采取"户保洁、组收集、村转运、乡处理"的模式进行农村生活垃圾无害化处理。县财政每年为各行政村安排环境卫生专项经费5000元,促进形成农村生活垃圾处理长效机制。三是加强低碳技术的使用。婺源在全省率先建成了太阳能屋顶并网发电项目,投入1000余万元实施了城区LED节能路灯改造工程,并在城市建设中推广运用新型墙体材料、节能型取暖制冷系统等新技术,有效减少了资源和能源消耗。同时,积极探索智慧旅游,开展了智慧旅游产业功能区建设工程、智慧政务、智慧农业、智慧城市云计算数据运营中心建设等,于2014年入选国家智慧城市试点城市之一。

(3)发展低碳经济。首先,用好低碳资源,发展生态旅游。依托良好的生态环境、独特的地域文化,大力发展生态文化旅游业,先后开发10多个精品景区;完善景区低碳旅游设施,在创建过程中,严格按照乡村旅游景区环境保护规范标准,在景区的配套建设上,都将按照低碳、环保的要求,积极利用绿色环保的新能源、新材料,运用节能减排技术,推广使用风能、水能、太阳能及沼气,实施高效照明改造,减少温室气体排放;发展低碳交通,实行城乡公交一体化,开辟旅游专线、自行车公路项目等,景区统一使用环保大巴和电瓶车减少废弃物排放量。在旅游业的强势拉动下,商贸流通、金融、邮政、通信等行业蓬勃发展,2011年以低碳旅游为龙头的第三产业实现增加值占全县GDP的45.5%。其次,抓好低碳项目,发展绿色生态特色产品,婺源县地处中国绿茶金三角核心产区,依托这一优势,将茶产业作为主导产业来培育,扶持鼓励农民发展有机绿茶。此外,扶持发展林、鱼、菇、蔬菜、药材等特色绿色食品项目,形成东北生态林茶、中部生态茶果、西南生态粮牧渔三大绿色农业区。最后,建好低碳平台，发展生态工业，大力发展具有婺源地方特色的旅游商品，开发以绿色、生态为导向的土特产和旅游纪念品。合理利用本地全生态、无污染的原材料，采用绿色、生态标志，让公众在旅游消费过程中，无形提高自己的绿色消费意识和生态环保意识。同时，通过引导游客购买土特产和旅游纪念品，从而达到不仅惠及当地经济，又减少为了谋生而砍树、采矿等破坏环境资源的行为。

（二）宜春明月山温泉风景名胜区

1. 景区概况

明月山温泉风景名胜区是国家级风景名胜区、国家4A级旅游区、国家森林公园、国家地质公园、国家自然遗产、江西省新赣鄱十景之一，位于全国第一个生态城市宜春市城西南15公里处，总面积136平方公里，由12座海拔千米以上的山峰组成，主峰太平山，海拔1735.6米，因整个山势呈半圆形，宛如半轮明月，故名明月山，属武功山东北端的山麓部分。明月山景区融山、石、林、泉、瀑、湖、竹海为一体，集雄、奇、幽、险、秀于一身，是全国首个温泉休闲度假示范基地、全国首批温泉之乡、全国首批低碳旅游实验区、全国第五家"中国风景名胜区自驾游示范基地"，并荣获了"中国休闲创新贡献奖"。明月山景区是以月亮文化为主题兼有温泉文化、禅宗文化、农耕文化为主要特色，集"生态游览、休闲度假、科普教育和宗教旅游"为一体的山岳型风景名胜区。

明月山景区素有"天然动植物园"之美称，世界珍稀濒危植物——中华落叶木莲现仅存两颗，为明月山特有；以"明月山"命名的明月山全缘叶红山茶树形优美、花色鲜艳。景区原始风貌保持良好，植被茂盛，空气负氧离子含量特别高，达到每立方厘米7万多个，是国家标准的35倍，堪称"天然氧吧"。五叠形态各异、各具特色的瀑布群令人叹为观止，其中"云谷飞瀑"瀑布为宜春古八景之首，它全长119.57米,是江南第一高瀑。利用天然资源富硒温泉和含氡温泉,打造"全国亚健康温泉 SPA 养生示范基地",实现以月亮文化吸引人,用生态美景留住人,在健康、休闲中宣传低碳理念,引领低碳消费,成为国内一流、以休闲养生度假为特色的温泉风景名胜区。

2. 明月山景区低碳旅游发展措施

明月山温泉风景名胜区在发展初期对景区环境和基础设施做了很大改善。

(1) 软件方面:

1) 依托地理、资源优势,镇党委、政府制定了一系列优惠政策,在用地、办证等方面给予外来客商和个私营业主方便和实惠;为逐步实现旅游行业低碳化,明月山温泉风景名胜区制定优惠政策,鼓励旅游经营企业在生产设施配置、原料使用等方面实行低碳节能,力争在5年内使全部旅游饭店的二氧化碳排放量在现有基础上减少20%;严厉打击各种针对外地客商的违法犯罪活动;积极开展各种精神文明创建活动,大力提升全镇居民的思想道德素质,以学校为宣传阵地,倡导"温汤是我家,人人都爱她"的环保意识,努力构建一个和谐温汤。

2) 强化城管措施,完善环卫制度、设施,投资100多万元添置了洒水车、垃圾车、消防车,开创了乡镇环卫配套设施建设之先河。

3) 结合镇情,远景规划。耗资45万元聘请中华规划管理学院帮助编制了温汤镇建设总体规划方案,规范城镇建设。

4) 全面推行城区街道生活垃圾桶装化,扎实推进社区建设,启动生态城镇建设工程,深入开展农村"双整治,双建设"活动,加速推进"村村通水泥路"村道建设。

5) 电力、通信设施进一步完善,铺就了两条3.5千伏的电力专线,实施双电源供电,有力地确保了景区、镇区用电,农村电网改造工程已基本完工,安全供电、用电问题得到圆满解决。通信条件不断改善，手机信号覆盖率进一步扩大，固定电话装机量达到1800余部。

（2）硬件方面：加强了以美化绿化、污水处理、城镇街道、沿河街面为主的基础建设，取得了明显的成效，初步形成了以沙温公路、温泉大道为主，明月大道、沿河路、消防路为辅的"井"字形集镇框架，集镇亮化、绿化、美化、防洪工程和健身广场、古井花园等配套功能不断完善。同时对公路沿线房屋进行改造，集镇面貌焕然一新。同时认真做好：

1）沼气工程建设。既充分利用了资源，又美化了环境。

2）村镇卫生环境治理。组织村民开展了"三清三改"工作，有效改善了农村"脏、乱、差"环境，对垃圾杂物实行集中存放，定期清运。

3）新农村示范点建设。在充分尊重群众意愿，坚持量力而行情况下，完成通路、通水、通电、通信"四通"工程以及旧房屋拆迁、排污改造、水塘扩建等工作。

（3）其他方面：近年来，景区正在采取多项措施推行低碳旅游，引导广大游客绿色旅游、低碳消费。狠抓重点环节，重点从吃、住、行等方面进行节能减排：

1）低碳旅游饮食。建议游客在用餐时尽量少用一次性餐具，提倡健康素食，使用节能厨具等，深化低碳减排。

2）低碳旅游住宿。采用新型节能设备和建筑材料，减少化石能源消耗，不断提高节能减排新产品、新技术的利用率。

3）低碳旅游交通。景区外提倡使用公共交通，景区内推广公共化、轻型化、节能化及新能源的交通工具，鼓励徒步、自行车其他交通方式替代机动车辆。成立明月山自行车队，引导低碳旅游体验。2012年，明月山成立自行车队，与市自行车协会经常组织活动，呼吁低碳旅游，保护环境，打造优美景区。此外，景区先后建设了缆车、滑道、滑索等交通游乐设施，同时，大量使用环保电瓶车代替以前的燃油交通工具，有效地减少了旅行中二氧化碳排放。如进行六位一体改造，建立步行街。

经过六位一体改造，打造一条温泉特色、月亮元素、水墨江南的风情街，以步代车，后期运行电瓶车转送游客，实行低碳参观游览；改造新缆车，低碳节能，引进法国波马公司全套先进设备，原来40分钟的缆车行程现在只需要8分钟，运力从每小时200多人上升到1700多人，不仅更省电而且减少了因拥堵而造成的能源损耗。

明月山温泉风景名胜区还相继推出生态自然之旅、农家乐采摘游、徒步游等多条低碳旅游线路，吸引众多游客参加。景区积极使用低碳技术，发展智慧、数字化旅游，以满足明月山风景区在景区数字化管理与数字化旅游服务等方面的需求，减少碳排放，保护环境，绿色循环发展，几年来使辖区旅游饭店的二氧化碳排放量在原来基础上减少20%以上，景区负氧离子每立方厘米7万多个，是国家标准的35倍，被美誉为"天然氧吧"，2011年获批中国首批低碳旅游实验区。

四、江西省生态工业园发展案例

（一）江西星火工业园区

1. 基本情况介绍

享有"中国有机硅城"美誉的江西星火工业园创建于2000年6月，是一个以有机硅单体及其下游产品生产、研究和开发为主导产业的特色化工业园区，是国家火炬计划有机硅材料产业基地，也是江西省高新技术特色产业基地。江西星火工业园区位于永修工业园区内，在江西永修县，北望庐山，东邻鄱阳湖，南抵省会南昌50公里、昌北机场30公里，北距长江重要港口城市九江80公里，西邻昌九高速公路，东邻京九铁路，交通十分便利。有机硅产业是永修县域经济发展的重要增长极,集"全国循环经济试点园区"、"国家火炬计划有机硅材料产业基地"等一系列称号于一身的星火工业园是江西省有机硅产业发展的重要阵地,有机硅产业新一轮的大发展将有力地推动永修县域经济的大发展。

永修工业园区规划建设了以星火有机硅厂为龙头企业、开发有机硅相关产品、规划占地5.3平方公里的星火工业园区;建设了占地9平方公里的云山经济技术开发区和占地5.4平方公里的县城工业集中区。一园两区内,已进驻了多家化工、建材、造纸、食品等工业企业。2008年,永修工业园被列入了第二批国家循环经济示范试点单位。

2. 建设思路

星火工业园以资源的再利用为核心理念,引进、创建了一大批企业,利用有机硅单体生产的废弃物和副产品加工成有市场需求、科技含量高的产品,初步形成了以星火有机硅厂为核心的有机硅单体深加工和废弃物再利用的循环经济网。星火工业园是以星火化工厂为依托,以开发有机硅为重点的工业园区。蓝星化工新材料股份有限公司江西星火有机硅厂是我国有机硅行业最大的生产企业,同时也是我国重要的国防化工产品生产企业,是蓝星化工新材料股份有限公司的核心企业,蓝星化工新材料股份有限公司股票(星新材料)已于2000年成功上市。早在2008年,星火工业园就投入400万元在星火工业园开展环境监控中心建设,建立了24小时环境监测系统,为加快生态工业园建设步伐,进一步完善循环经济产业链条,对园内所有企业排水、排气和粉尘进行动态监测。另园区积极鼓励使用稀土渣处理、现代化能源供应设施等一系列环保公用设施。

3. 运营情况介绍

永修有机硅产业集聚了有机硅相关生产企业55家(其中投产企业42家,在建企业13家),是世界上先进的有机硅综合生产基地之一。永修有机硅产业已经成为国内具有一定影响力的优势特色产业,生产过程无污染，废弃物循环利用，产业链长且完善，产业带动力强。2013年，永修有机硅产业实现主营业务收入137亿元，同比增长24%；实现利税15亿元，同比增长34%。到2015年，永修有机硅产业主营业务收入力争突破300亿元，利税超过60亿元；到2017年，主营业务收入力争突破500亿元，利税超过100亿元。

位于永修县星火工业园的江西星火有机硅厂，1995年被中国蓝星（集团）股份有限公司收购。经过多年发展，该企业有机硅单体年产达到20万吨，跻身世界同业四强，是亚洲最大的有机硅单体生产企业。中国蓝星（集团）股份有限公司2006年10月成功收购了法国罗地亚公司的有机硅业务，运用法国罗地亚公司专利技术对江西星火有机硅厂进行技术改造，使该厂有机硅单体年产由20万吨提高到30万吨。新开工建设的星火有机硅扩改一体化项目分两期建设，建成后，永修县星火工业园将以年产70万吨有机硅单体的生产规模，成为全球最大的有机硅生产基地。其中一期投资40亿元新建年产单体20万吨及12万吨/年下游深加工产品项目，二期投资40亿元再建年产单体20万吨及12万吨/年下游深加工产品项目。

4. 实施效果

（1）规模效应：世界上先进的有机硅综合生产基地。目前，江西星火有机硅产业集群有机硅单体产能为年产50万吨，待星火有机硅厂有机硅一体化项目二期工程竣工后，将以年产70万吨有机硅单体产能成为世界同行业老大。有机硅单体规模扩大、产能的提升意味着下游产品发展潜力的提升，意味着副产物和生产废弃物处理规模和技术的提升，将促进资源的高效利用和循环利用。

（2）循环效应：完备的产业链条，"变废为宝"，资源充分利用。在星火工业园内，有机硅关联企业已有55家，企业之间形成了完备的有机硅产业链条，循环效应十分明显。如卡博特公司利用江西星火有机硅厂的一甲基三氯硅烷为原材料，生产气相二氧化硅，生产过程中产生的氯化氢气体被全部回收、提浓为浓盐酸，并返回给江西星火有机硅厂用于有机硅单体的生产。同时，卡博特公司生产的气相二氧化硅又是江西星火有机硅厂生产硅橡胶的原材料。

另外，江西星火有机硅厂生产有机硅单体时，产生的高沸物、低沸物、浆渣、废盐酸等副产物，通过招商，园区内有一半企业帮助处理这些副产物。利用高沸物和浆渣生产有机硅涂料和防水剂。对于低沸物的处理，主要用密封焚烧的方法，并且将焚烧过程中产生的热量加以利用。用废盐酸生产氯化锌、氯化钙、氯化钡等产品，用液氯生产氯磺化聚乙烯、氯化石蜡等，企业间各有分工，副产物基本可以在园区内得到消化。生产过程中的高沸物、低沸物、浆渣、废盐酸和液氯等通过循环再利用，再投入生产过程，实现真正循环利用、环保理念、低碳经济发展。

（3）技术创新效应：有机硅生产技术的"摇篮"。随着星火有机硅单体生产能力的扩大，其生产的副产物越来越多，而其中含氢单体具有易燃易爆不易储存的特点。2009年3月，江西星火有机硅厂在原有年产800吨含氢硅油装置的基础上，进一步改进工艺，利用自有技术和原有旧厂房再上一套年产1700吨的含氢硅油装置，经过三个月的紧张施工、安装、调试，装置如期建成，并投产，且生产出合格产品已出口至美国、欧洲等地。该装置的成功建设，不仅消化了大量积压的有机硅副产物含氢单体，而且促进了循环经济的发展，每年还可为企业新增利润1700万元。

星火工业园区内多家企业拥有先进技术。在有机硅单体方面，江西星火有机硅厂自主研发的有机硅单体生产技术国内领先，并荣获国家科学技术进步二等奖。有机硅下游产品方面，蓝星集团2006年收购法国罗地亚公司的有机硅业务，使星火有机硅厂的有机硅下游产品技术接近世界一流水平；卡博特公司气相二氧化硅生产技术世界领先；江西新嘉懿新材料有限公司的硅烷偶联剂生产技术国内领先；江西星火狮达科技有限公司有机硅防腐涂料产品生产技术是国际专利性环保产品。企业所拥有的一系列先进技术，大大促进了有机硅生产效率的提高，对生产原材料的充分利用，以及对生产副产品的再循环利用，大大降低了企业生产功耗和成本费用，实现清洁生产、低碳经济发展。

（二）江西丰城工业园区

1. 基本情况介绍

丰城市位于江西省中部、赣江下游，全市总面积 2845 平方公里，是全国县域经济百强县市，也是一个以低碳经济为主导的新兴产业城市。浙赣铁路、105 国道、京九铁路、赣粤汽车专用公路穿境而过，全市公路密布、四通八达，交通运输较为方便。丰城市是一个以低碳经济为主导的新兴产业城市。国家工信部已将丰城确定为全国工业固废综合利用十大示范基地之一。江西丰城工业园区是以重构城市发展为战略，按照"接轨国际、充满活力的开放之城，辐射带动、功能卓越的产业之城，显山露水、和谐共生的生态之城，灵秀文润、人居最佳的诗韵之城"的发展理念，高起点规划建设的一个相对独立的城市组团，属于丰城城市总体规划"一江两岸、一城四区"的核心区，批准规划面积 9 平方公里，按功能内设 6 个特色工业区和一个商贸物流中心，努力将丰城工业园打造成为新型现代化生态工业园。丰城工业园区依托现有的煤炭、电能等优势资源发展能源建材产业，主要以丰城电厂、丰城矿务局、江西新洛煤电有限责任公司、江西兰丰水泥集团公司等企业为主体。另外，2008 年 12 月，丰城精品陶瓷产业基地被认定为省级产业基地，成功引进 4 个 10 亿元以上精品陶瓷项目和 8 个重大配套企业和项目。

2. 循环发展思路

丰城工业园区产业采用低耗减排制作工艺和设备，同时不断努力完善产业链条，积极构建产业生态链，打造自然生态系统。如能源建材产业，其产业生态链完善，初步形成：煤—发电—水泥、煤—发电—建材产业链。园区投产与在建的煤炭企业为发电厂的燃料提供了充足保障，发电厂利用煤炭发电会产生大量的粉煤灰，水泥厂利用粉煤灰作为原料，同时利用煤炭和电，达到物质与能量双重循环。充分利用电厂的粉煤灰引进粉煤灰烧结空心砖生产，利用煤矸石引进煤矸石烧结空心砖生产；还可以利用粉煤灰生产加气混凝土砌块和混凝土空心砌块；同时可以利用兰丰水泥生产水泥刨花板；可以利用粉煤灰制高级脱硫剂，实现粉煤灰在烟气脱硫中的应用，脱硫产生的脱硫石膏用于生产石膏板材等相关建材产品。在园区陶瓷产业生产过程中，产生的废品包括生坯废品和烧成废品。生坯废品可以在生产企业内部回收再利用，烧成废品可以作为水泥生产的混合材料。而用于淘洗原料及冲刷设备排出的废泥水、烧成后的瓷砖废品、不可再用的匣钵与窑具等，可以添加到瓷砖或西式瓦的配料中。

丰城工业园内，各产业链不断努力完善，产品丰富功能多样化。如园区内陶瓷产业，在陶瓷产业的上游，已有陶瓷包装、颜料、陶瓷磨具制造生产，在此基础上，引进绿色、可循环利用的包装材料生产企业，在陶瓷产业的下游，成立陶瓷废弃物处理企业。另外，园区的建筑陶瓷产业，不仅局限于普通陶瓷生产，还包括建筑陶瓷中的瓷砖类生产，以及即将引进的卫生洁具生产，并积极开发绿色建筑陶瓷、环保陶瓷等产品，延长陶瓷产业链，拓宽产品市场范围。

园区可以充分利用发电厂的能源对整个园区进行集中供热，同时又会对水泥厂、陶瓷厂等释放热量较大的企业进行余热收集，重新利用，如作为水泥厂原料、陶瓷厂坯体的干燥热源等。而对发电厂产生的废弃物粉煤灰或产业生产过程中的废弃物，可通过收集、处理、循环利用到其他生产环节，使资源利用效益最大化，实现循环经济发展，促进产业低碳发展。

3. 发展成效

丰城市构建的资源循环利用产业基地，是经江西省环境保护局

（赣环督字［2007］303号）审查同意，江西省发改委（赣发改工业字［2007］1531号）批准立项，中国轻工国际工程设计院规划设计的全省第1个省级废七类金属拆解、熔炼、加工基地。2010年10月取得了省工信委授予的"江西省再生资源利用产业示范基地"称号，2011年被授予"中国再生铝基地"称号。基地远期规划10平方公里，分三期建设。一期建成后，入园企业可实现年熔炼加工再生金属70万吨生产能力，其中再生铝40万吨、再生铜30万吨，实现年销售收入100亿元、税收10亿元。二期建成后，可实现年熔炼加工再生金属110万吨能力，其中再生铝70万吨、再生铜40万吨，实现年销售收入200亿元、税收20亿元。三期建成后，可实现年熔炼加工再生金属280万吨能力，其中再生铝180万吨、再生铜100万吨，实现年销售收入400亿元、税收40亿元。基地始终坚持"七类为主、多业并举"的发展方针，始终坚持"错位发展、循环发展、科学发展、经济负荷、生态高效"的发展理念，以经济增长、资源节约、环境保护为目标，以减量化、资源化、无害化为原则，以集约化、基地化、链条化为策略，以"企业组织类型多样化、产品链条关系紧密、资源闭合循环流动、资源能源高效利用"为特征，形成以第七类废旧金属为主线的产业聚集和工业共生群落，力争打造成为中国有色金属协会再生铝技术和装备生产基地、全国静脉产业类生态工业园区，走循环经济发展之路。

五、江西省低碳城市发展案例

（一）南昌市低碳城市建设

2009年，南昌市被列入中部唯一的低碳试点省会城市，并成为两年一届的世界低碳大会举办城市,先后出台了《关于推进"低碳经济、绿色发展"建设的若干意见》、《南昌市发展低碳经济,建设低碳城市行动计划》等具有国际水平的指导性文件,低碳、绿色、生态已经成为南昌经济发展的主旋律。

1. 培育低碳产业,优化能源结构

南昌市优先发展了绿色照明、服务外包、文化旅游等低碳优势产业,重点发展了新能源汽车、现代物流业、航空制造、新能源设备、生物与新医药等低碳新兴产业。降低黑色金属冶炼及压延加工业、化学原料及化学制品制造业、非金属矿制品业和造纸及纸制品业等高碳行业和重点耗能企业的二氧化碳排放。

发展新兴低碳产业,重在实现产业集聚,延长产业链条,形成产业基地。在引进国家大飞机项目以及航空相关产业后,南昌市以建设航空工业城为载体,初步形成了大飞机研制生产基地和国际航空转包生产基地,重点发展大飞机大型零部件研制项目、转包生产项目等。大力发展新能源汽车产业,以国家节能与新能源汽车示范推广试点城市为契机,以示范应用工程为引导,以混合动力、纯电动汽车及其关键零部件为突破口,形成较为完善的节能与新能源汽车产业链。

在构建低碳能源体系方面,南昌市不断加快推进装备改造,提高工业企业能效,关闭高能耗企业。积极鼓励和引导工业企业推行清洁生产,追求"绿色产值"。抓好重大节能技术改造和示范工程,积极推进重点节能工程、重大节能项目和企业节能行动。此外,推广绿色高效照明灯具,推进电力结构调整,推进火电厂节能技术改造,提高机组发电效率。

2. 实行节能降耗,增强碳汇能力

拓展"静脉产业",即垃圾回收和再资源化利用的产业,是南昌市积极构建低碳排放产业体系、通过科技创新等系列举措加快传统产业向低碳化转变的得意之作。目前,南昌市正在规划、建设、培养一批在区域内具有影响力的废旧汽车、废旧金属回收、餐厨垃圾资源转化利用、建筑垃圾再利用等为主要产业的"静脉产业",形成国家级"静脉产业"园区。与此同时,通过建立现代化的生活污水处理及回收利用体系,改造城市污水处理配套管网系统,构建绿色消费体系,培育绿色产品消费市场,倡导绿色生活方式。

南昌市加快发展碳汇产业,努力建成国家森林城市,不断提升碳汇能力。继续推进造林绿化工程,建设"森林城乡、花园南昌"。加强碳汇林固碳能力的计量与监测研究,为碳汇林的营建提供科技支撑,建立健全各级林业技术推广与服务体系,为林业发展提供人才保障;推广森林质量改造项目,探索混合林种植技术,扩大对碳吸收率高的阔叶树种的种植规模。到2015年,全市森林覆盖率将达到24%,2020年将达到28%;2015年活立木蓄积量将达到380万立方米,2020年将达到420万立方米。初步建成比较完备的林业生态体系、林业产业体系和森林资源安全保障体系。

3. 推进重点低碳项目,建设低碳示范城市

2013年,南昌市重点建设的低碳项目共有10项,它们分别是南昌市CNG汽车加气子站项目;南昌市新建住宅光纤到户项目;中节能低碳环保科技园项目;联创光电LED产业园项目;江西拓扑工程有限公司蓄热式催化燃烧节能环保设备产业化工程;江西凯马百路佳客车有限公司生产新能源汽车项目;南昌九龙湖万达文化旅游城项目;南昌奥中岩棉制造有限公司优质岩棉制品生产项目;南昌银行低碳智能金融研究中心项目;南昌百玛士绿色能源有限公司生活垃圾焚烧项目。

南昌市按照"传统产业低碳化、低碳产业支柱化"的思路,加快转变经济发展方式。建设了高新区低碳产业示范区、湾里生态园林示范区、红谷滩生态人居与现代服务业示范区、进贤军山湖低碳农业与生态旅游示范区四个低碳经济示范区;建成了厚田沙漠光伏太阳能发电站并成功并网发电;启动了"森林城乡、花园南昌"建

设，连续三年投入巨资建设城乡绿色生态系统；大力推进建筑节能和可再生能源应用，南昌市也被评为国家可再生能源建筑应用示范城市。

因此，南昌市通过不断调整产业结构，构建以低碳排放为特征的产业体系，不断优化能源结构，提高低碳能源比重，大力推广满足环境保护和水资源保护要求的技术，推进建筑节能，全面倡导低碳生活，建立低碳技术支撑体系，真正实现低碳式发展。

（二）赣州市低碳城市建设

2012年，赣州市被列为第二批国家低碳城市试点。赣州立足于"后发展、欠发达"的基本市情，牢固树立"发展为先、生态为重、创新为魂、民生为本"理念，坚持绿色发展、循环发展、低碳发展，自觉地把科学发展贯穿于赣南苏区振兴发展全过程，为赣州市低碳发展打下了坚实基础。

1. 调整产业结构，加快低碳转型

赣州市不断改造升级有色金属、非金属矿、机械制造、电子、食品、轻纺六大传统主导产业，发展高新技术产业和现代装备制造业，集中力量发展钨新材料、稀土新材料、新能源汽车等战略性新兴产业，淘汰建材行业中的落后产能，逐步关停生铁粗钢生产企业。优先发展新材料、新能源汽车、机械制造、电子电器四大产业，重点发展食品加工、轻纺等产业，构建以低碳排放为特征的新兴产业体系。

赣州市围绕低碳试点城市建设，结合赣南苏区振兴发展，加速风能、水能、太阳能等新能源开发利用。大力推广太阳能光热利用，在城区推广普及太阳能一体化建筑、太阳能集中供热水工程，在农村和小城镇推广户用太阳能热水器。积极推进浅层地热能的开发利用，推广满足环境保护和水资源保护要求的地源热泵技术，充分利用地表水、地下水、土壤等地热能。积极推广农村垃圾利用与资源化，大力推进固化成型、沼气利用、秸秆气化、生物柴油等方式的生物质能利用，逐步改变农村燃料结构，改善农村生活环境。加快普及农村户用沼气，加大养殖小区和联户沼气工程、大中型沼气工程的建设力度，加大风电和水电项目建设。

2. 推进节能减排，提高能源利用率

赣州市以提高工业能源利用效率为核心，抓好工业企业节能降耗，抓好重点工业领域、重点用能企业、重点节能项目"三大节能重点"，组织开展企业节能低碳行动。更新改造低效锅炉，优先发展天然气锅炉；提高电机系统效率，推广变频调速、永磁调速等先进电机调速技术；优化电机系统的运行和控制，推广节能变压器，发展智能电网；发展热电联产，推广分布式能源；推行节能技术改造，实施合同能源管理等节能新机制，鼓励新技术、新工艺和新产品的应用，加强资源节约和综合利用，提高能源利用效率，促进传统工艺节能降耗，减少二氧化碳排放。

赣州市不断加快发展碳汇产业，努力建成国家森林城市，增强碳汇能力。同时继续推进造林绿化计划五年完成绿化造林330万亩，生态公益林面积达1500万亩，重点推进河流、水库等水体沿岸和公路等道路两侧的植树造林。开展乡镇村三级绿色家园建设，提高农村地区植树造林的质量和水平。加强碳汇林固碳能力的计量与监测研究，为碳汇林的营建提供科技支撑，建立健全各级林业技术推广与服务体系，为林业发展提供人才保障。推广森林质量改造项目，调整林分结构，探索混合林种植技术，扩大对碳吸收率高的阔叶树种的种植规模。加强森林经营管理力度，提高森林单位面积蓄积，实现森林碳汇容量"内涵"的提高。初步建成比较完备的林业生态体系、林业产业体系和森林资源安全保障体系。

3. 发展重点低碳工程，倡导绿色低碳生活

赣州市在全市范围内开展低碳产业培育工程、低碳技术开发应用

工程、碳汇产业发展工程、资源综合利用工程、绿色建筑示范工程、低碳交通出行工程、低碳型消费模式创建工程、碳排放总量控制及碳排放权交易工程。重点建设赣州市第二垃圾处理厂尾气发电项目、赣州地热资源综合利用工程、赣州市区"免费单车"服务工程项目、碳排放权交易中心建设项目、南岭山地森林生物多样性国家级生态区建设项目、赣州经济技术开发区天然气分布式发电供冷供热工程、赣州沙河生活垃圾填埋场沼气发电项目。

赣州市结合产业集群和园区建设，在工业、服务业和现代农业园区中，选取资源综合利用、园区生态环境、共用服务设施等方面较好的园区进行示范，通过低碳园区的示范作用，促进在产业聚集过程中，最大限度地降低资源能源消耗，有效控制二氧化碳排放，实现园区发展的低碳化、生态化和可持续化。

同时，结合社区建设，在居住相对集中、设施相对完善、群众基础较好的村镇中，选取建筑节能改造、墙体保温材料及节能门窗、新能源和可再生能源利用、节能照明产品、垃圾分类与回收和社区绿化等方面较好的社区（村镇）进行示范，开创低碳家庭活动，制定节水节电、垃圾分类等低碳行为规范，通过低碳社区（村镇）的示范作用，引领广大群众逐步确立低碳生活方式和低碳消费模式，实现社区绿色低碳化。

因此，赣州通过低碳发展，全市二氧化碳排放总量得到了有效控制，经济发展质量明显提高，产业结构和能源结构进一步优化，低碳观念在全社会牢固树立，低碳发展法规保障体系、政策支撑体系、技术创新体系和激励约束机制建立完善，形成具有赣州特色的低碳城市发展模式，积极创建全省乃至全国低碳发展示范城市。

参考文献

[1] Boulding K. E. Economics as an Ecological Science, in: Economics as a Science [J]. New York McGraw Hill, 1970.

[2] Costanza R., Cumberland J., Daly H., Goodland R., Norgaard R. An Introduction to Ecological Economics [M]. St. Lucie Press, 1997.

[3] Metcalf G. E., Weisbach D. The Design of a Carbon Tax [J]. Harvard Environmental Law Review, 2009, 33 (2).

[4] 安国俊. 发展碳金融市场, 助推低碳经济 [N]. 金融时报, 2010-04-13.

[5] 白雪勤, 孙文生. 低碳经济评价方法及实证分析 [J]. 广东农业科学, 2012 (7).

[6] 白洋. 我国低碳经济法规存在的问题及其应对机制 [J]. 企业经济, 2012 (8).

[7] 卜华. 黄河三角洲低碳经济发展的制约因素及对策建议 [J]. 山东纺织经济, 2011 (11).

[8] 陈迪. 我国发展低碳经济的公共经济政策 [D]. 兰州商学院硕士学位论文, 2012.

[9] 陈柳钦. 金融支持低碳经济发展的路径选择 [J]. 当代经济研究, 2013 (7).

[10] 陈新平. 低碳经济发展模式下的财税政策——发达国家的经验及启示[J]. 宏观经济管理, 2010 (4).

[11] 程天权, 杨志. 可持续发展促进低碳经济发展的战略选择[J]. 经济纵横, 2012 (9).

[12] 迟维韵. 生态经济理论与方法[M]. 北京：中国环境科学出版社, 1990.

[13] 初昌雄, 周丕娟. 碳金融：低碳经济时代的金融创新[J]. 金融与经济, 2010 (2).

[14] 冯之浚. 论循环经济[J]. 福州大学学报, 2005 (2).

[15] 付慧. 低碳经济研究综述[J]. 安徽农业科技, 2010 (34).

[16] 付允, 马永欢, 刘怡君, 牛文元. 低碳经济的发展模式研究[J]. 中国人口·资源与环境, 2008 (3).

[17] 傅志华. 促进低碳经济发展的财税政策体系建设[J]. 中国财政, 2010 (8).

[18] 高颖飞. 发展低碳经济的路径选择分析——以河南为例[J]. 前沿, 2011 (16).

[19] 国家发改委. 鄱阳湖生态经济区规划[EB/OL]. http://jiangxi.jxnews.com.cn/system/2010/02/22/011312446.shtml.

[20] 郭静. 全球温室气体排放量十佳排行榜[EB/OL]. http://www.tanpaifang.com/tanguihua/2013/1025/25245.html.

[21] 韩宝平, 孙晓菲, 白向玉, 魏颖. 循环经济理论的国内外实践[J]. 中国矿业大学学报, 2003 (1).

[22] 韩阳, 张伟伟, 段金龙. 金融支持低碳经济发展的路径选择[J]. 现代商业, 2012 (33).

[23] 胡鞍钢. "绿猫"模式的新内涵——低碳经济[J]. 世界环境, 2008 (2).

[24] 霍艳丽, 刘彤. 生态经济建设——我国实现绿色发展的路径

选择[J].企业经济,2011(10).

[25] 莱切尔·卡逊.寂静的春天[M].长春:吉林人民出版社,1997.

[26] 莱斯特·布朗.生态经济:有利于地球的经济构想[M].北京:东方出版社,2002.

[27] 李军军.中国低碳经济竞争力研究[D].福建师范大学博士学位论文,2011.

[28] 李胜,陈晓春.低碳经济:内涵体系与政策创新[J].科技管理研究,2009(10).

[29] 李晓燕,邓玲.城市低碳经济综合评价探索[J].现代经济探讨,2010(2).

[30] 李真,卢德坤,杨晓静.构建碳金融体系,抢占未来制高点[N].经济参考报,2010-04-07.

[31] 李卓霖,董锋.江苏低碳经济现状及现代低碳产业体系的构建[J].科技与经济,2013(1).

[32] 刘春玲.中国发展低碳经济的必要性、艰巨性及对策建议[J].科技和产业,2011,11(3).

[33] 刘传江.加快江西省低碳经济发展的对策建议[J].世纪行,2010(4).

[34] 刘丁有,代进荣.江西省碳排放与经济增长关系的实证研究[J].开发研究,2013(2).

[35] 刘中然.我国政府支持低碳技术研发的政策体系研究[D].河南大学硕士学位论文,2012.

[36] 柳立.建立适应低碳经济发展的碳金融制度[N].金融时报,2009-09-14.

[37] 卢晓彤.中国低碳产业发展路径研究[D].华中科技大学博士学位论文,2011.

[38] 马军,周琳,李薇. 城市低碳经济评价指标体系构建——以东部沿海 6 省市低碳发展现状为例[J]. 科技进步与对策,2010 (22).

[39] 潘磊. 基于低碳经济的辽宁省产业结构优化研究[D]. 南昌大学硕士学位论文,2012.

[40] 曲格平. 循环经济与环境保护[N]. 光明日报,2000 - 11 - 20.

[41] 任福兵,吴青芳,郭强. 低碳社会的评价指标体系构建[J]. 科技与经济,2010 (2).

[42] 沈满洪. 生态经济学的定义、范畴与规律[J]. 前言论坛,2008.

[43] 宋德勇,卢忠宝. 我国发展低碳经济的政策工具创新[J]. 华中科技大学学报,2009 (3).

[44] 宋雅杰. 我国发展低碳经济的途径、模式与政策选择[J]. 特区经济,2010 (4).

[45] 苏振锋. 低碳经济、生态经济、循环经济和绿色经济的关系探析[J]. 科技创新与生产力,2010 (6).

[46] 唐建荣. 生态经济学[M]. 北京:化学工业出版社,2005.

[47] 万莎. 发达国家发展低碳经济的财政政策及其经验借鉴[J]. 新金融,2010 (5).

[48] 王蓓. 低碳技术:发展低碳经济的关键[J]. 中国经贸导刊,2011 (3).

[49] 王松霈. 生态经济学[M]. 西安:陕西人民教育出版社,2000.

[50] 王圣云,傅春. 鄱阳湖生态经济区低碳经济发展模式[J]. 云南地理环境研究,2012 (5).

[51] 王明远. "循环经济"概念辨析[J]. 中国人口·资源与环

境，2005（6）．

［52］吴季松．循环经济［M］．北京：北京出版社，2003．

［53］江西日报．由"全国试点"转向"全国示范"——南昌加快低碳城市建设［EB/OL］．http：//www.jxnews.com.cn/jxrb/system/2012/11/01/012160493.shtml．

［54］谢安军，郝东恒，谢雯．我国发展低碳经济的思路与对策［J］．当代经济管理，2008（12）．

［55］新华网．中国2015年节能环保产业总产值有望达4.5万亿元［EB/OL］．http：//news.xinhuanet.com/fortune/2012-07-04/c_112361644.htm．

［56］刑继俊．发展低碳经济的公共政策研究［D］．华中科技大学博士学位论文，2009．

［57］徐锦庚，马跃峰．开创高效生态经济发展新模式［N］．人民日报，2009-12-15．

［58］徐旭．我国低碳经济发展模式研究［J］．商业时代，2010（19）．

［59］徐中民，张志强，程国栋．当代生态经济的综合研究综述［J］．地球科学进展，2000（6）．

［60］薛进军，赵忠秀，戴彦德．中国低碳经济发展报告［M］．北京：社会科学文献出版社，2011．

［61］薛睿．中国低碳经济发展的政策研究［D］．中共中央党校博士学位论文，2011．

［62］杨坤．低碳经济发展模式下的税收政策研究［J］．97会计之友，2011（6）．

［63］杨运星．生态经济、循环经济、绿色经济与低碳经济之辨析［J］．前沿，2011（8）．

［64］姚宇．我国产业低碳化经济发展研究［D］．陕西师范大学博

士学位论文，2010.

[65] 袁丽静. 循环经济、绿色经济和生态经济[J]. 环境科学与管理，2008（6）.

[66] 袁男优. 低碳经济的概念内涵[J]. 城市环境与城市生态，2012（2）.

[67] 曾刚，万志宏. 国际碳金融市场：现状、问题与前景[J]. 中国金融，2009（24）.

[68] 张晓盈，钟锦文. 环境税收体系下的中国碳税设计构想[J]. 武汉大学学报（哲学社会科学版），2010（6）.

[69] 张晓盈，钟锦文. 我国开征二氧化碳排放税的几点思考[J]. 经济纵横，2010（8）.

[70] 张梓太. 关于我国碳税立法的几点思考[J]. 法学杂志，2010（2）.

[71] 中国环境与发展国际合作委员会. 低碳经济和中国能源与环境政策研讨会会议概要[R]. 内部材料，2007（5）.

[72] 庄贵阳. 中国经济低碳发展的途径与潜力分析[J]. 国际技术经济研究，2005（3）.

[73] 周宏春. 低碳经济学[M]. 北京：机械工业出版社，2012.

[74] 周立华. 生态经济与生态经济学[J]. 学科发展，2004（4）.

[75] 朱松丽，韩文科. "十一五"中前期我国控制能源活动温室气体排放成就及建议[J]. 宏观经济研究，2010（2）.

[76] 诸大建，陈飞，刘国平. 中国低碳经济蓝皮书[M]. 上海：同济大学出版社，2012.

[77] 钟锦文，张晓盈. 关于我国碳税征收的研究[J]. 价格理论与实践，2010（7）.

后 记

我国作为世界上最大的发展中国家,世界经济增长最快的新兴工业化国家,能源消费量大,人均资源少,环境承载容量小等特点明显。发展以低能耗、低污染、低排放的新能源为基础的低碳经济,有助于缓解我国面临的温室气体减排压力和保护资源环境压力,确保发挥后发优势、在未来社会的国际竞争力和发展潜力,也有助于实现可持续发展战略目标。因此,发展低碳经济完全符合国家利益以及推动社会经济朝着低碳经济战略转型,是落实科学发展观、推进生态文明建设的必然选择。

《江西低碳经济发展路径研究》一书试图在对江西省低碳经济发展现状分析的基础上,从理论上描绘江西低碳经济发展的总体思路,从技术上利用因子分析法综合评价江西省低碳经济发展水平;然后结合全省实际情况,提出江西低碳经济发展的路径及政策建议;最后,本书对江西省内低碳农业、低碳工业、低碳旅游、低碳城市、生态园区等低碳经济模式下的成功案例进行梳理汇总。本书目的在于以江西为例,探索推进低碳经济发展的途径,并为兄弟省份提供经验借鉴。

本书的研究工作得到2012年江西高校哲学社会科学重点招标课题(ZDZB201204)的资助,特此表示衷心的感谢。课题组所有成员为:赵波(江西师范大学经济发展研究中心教授,负责总体框架构建、修改定稿,第三章及第八章第三、四、五节);张晓盈(江西师范大学财金学院教授,负责第六、七章);张明林(江西师范大学商学院教授,负责第五章)、罗小娟(江西师范大学经济发展研究中心讲师,负责第二章第二节及全文统稿)、刘盛华(江西省信息中心经济师,负责第四章)、卢星星(江西财经大学产业经济研究院博士生,负责第八章第一、二节)、胡恩生(江西师范大学财金学院硕士,负责第一章及第二章第一、三节),感谢课题组所有成员为本书的撰写付出大量精力。感谢王小永、万俊明、沈丰、陈文华、卢宇荣、邓久根等团队成员为本书编辑和出版付出的辛勤劳动,同时要感谢黄新建、周国兰、高平、麻智辉、熊国保等专家对本书提出宝贵的修改意见。还要感谢在实地调研中,各地方相关部门工作人员的大力配合,为本书提供了大量丰富且翔实的资料。书中有部分内容参考了有关单位或个人的研究成果,均已在参考文献中列出,在此一并致谢。由于时间较紧,且编者水平有限,本书若有不当之处,敬请作者和读者指正。

是为记。

赵 波

2014 年 8 月于南昌